人口老龄化国情教育知识读本

全国老龄工作委员会办公室
中国老龄协会 编

华龄出版社
HUALING PRESS

责任编辑：潘笑竹
责任印制：李未圻

图书在版编目（CIP）数据

人口老龄化国情教育知识读本 / 全国老龄工作委员会办公室，中国老龄协会编 . -- 2 版 . -- 北京：华龄出版社，2020.5
ISBN 978-7-5169-1672-8

I. 人… II. ①全…②中… III. ①人口老龄化－国情教育－中国 IV. ① C924.24

中国版本图书馆CIP数据核字（2020）第 075793 号

书　　名：	人口老龄化国情教育知识读本
作　　者：	全国老龄工作委员会办公室，中国老龄协会　编

出版发行：华龄出版社

地　　址：北京市东城区安定门外大街甲57号	邮　编：100011
电　　话：（010）58122255	传　真：（010）84049572
网　　址：http://www.hualingpress.com	

印　　刷：	北京市大宝装潢印刷有限公司
版　　次：	2020年5月第2版　　2021年10月第2次印刷
开　　本：	710mm×1000mm　　1/16　　印　张：10.75
字　　数：	150千字
定　　价：	32.00元

版权所有　翻印必究
本书如有破损、缺页、装订错误，请与本社联系调换

再版说明

《中华人民共和国老年人权益保障法》第八条规定:"国家进行人口老龄化国情教育,增强全社会积极应对人口老龄化意识。"2018年1月,全国老龄办、中组部、中宣部、国家发展改革委、教育部、民政部、司法部、人力资源社会保障部、文化部、国家卫生计生委、国家新闻出版广电总局、全国总工会、共青团中央、全国妇联等14部委印发《关于开展人口老龄化国情教育的通知》,要求在全社会开展人口老龄化国情教育。到2020年,人口老龄化的国情意识明显增强,关爱老年人的意识和老年人的自爱意识大幅提升,积极应对人口老龄化的社会氛围更加浓厚。各地、各有关部门、各相关力量积极探索创新有效实现形式,人口老龄化国情教育已在机关、企业、学校、社区、养老机构、老年大学、基层老年协会等场所普遍展开,相关主题宣讲、集中宣传、文化活动、文艺创作等已在全国范围展开,有力营造了全社会关注人口老龄化、关心老龄事业、关爱老年人的良好氛围。

随着人口老龄化国情教育不断深入,《人口老龄化国情教育知识读本》已成为更多党政干部、专门机构、社会公众的参阅材料,相关方面反响积极。党的十九大以来,老龄事业获得了更快发展,相关法规政策更多颁行,各地工作实践更多涌现。鉴于此,根据全国老龄工作委员会明确的职责任务,与时俱进,有必要对2018年12月出版的《人口老龄化国情教育知识读本》进行适当的修订,在保持原有框架基础上,更新了相关数据、资料,完善相关法规、政策,补充相关实践、专栏,订正相关疏漏、表述,汲取相关意见、建议,修订内容涉及全本约1/4、近2万字,期望更利于广大读者和相关机构参阅、推广、进阶。

参加修订工作的人员有：庞涛、潘力、李霞、岳琳琳、李伟旭、彭捷、高洁，并呈请全国老龄办、中国老龄协会相关领导同志进行了审阅。敬请广大读者继续热情参与人口老龄化国情教育，并对《人口老龄化国情教育知识读本》提出宝贵意见。

编　者

2020 年 5 月

前 言

人口老龄化是21世纪人类社会共同面临的重大课题，也是我国的基本国情，积极应对人口老龄化是国家的一项长期战略任务。党中央、国务院历来高度重视老龄工作。尤其是党的十八大以来，习近平总书记将老龄工作纳入党和国家工作全局，多次对加强老龄工作作出重要批示指示，提出了发展老龄事业的新理念、新思想、新战略、新要求。

在全社会开展人口老龄化国情教育，是贯彻落实习近平总书记关于加强老龄工作重要讲话和重要指示精神，增强全社会积极应对人口老龄化意识，开展积极应对人口老龄化行动的重要举措。有利于营造全社会关心、支持、参与积极应对人口老龄化的良好氛围，激发全社会增强应对人口老龄化的主动性、针对性、自觉性，对于构建党委领导、政府主导、社会参与、全民行动的老龄工作大格局，确保我国老龄事业全面协调可持续发展，确保全体老年人共享改革发展成果，确保实现决胜全面建成小康社会、夺取新时代中国特色社会主义伟大胜利、实现中华民族伟大复兴中国梦的宏伟目标，具有重大而深远的战略意义。为配合各地、各部门更好地开展人口老龄化国情教育工作，全国老龄工作委员会办公室组织编写了《人口老龄化国情教育知识读本》（以下简称《读本》）。

《读本》以习近平新时代中国特色社会主义思想和党的十九大精神为根本遵循，以《中华人民共和国老年人权益保障法》《"十三五"国家老龄事业发展和养老体系建设规划》等为基本依据，以促进老龄事业全面协调可持续发展，不断增强广大老年人获得感、幸福感、安全感为根本目的，系统介绍了习近平总书记关于老龄工作高瞻远瞩的宏观构想和重要论述，概述了当今世界人口老龄化发展状况和国际社会应对人口老龄化的主要共识和典型经验，分析了我国人口老龄化的基本态势、深刻影响和战略环境，总结了我国应对人口老龄化的主要成就、经验与问题，梳理了我国老年人的社会保障、养老服务、健康支持、精神关爱、社会参与、宜居环境和孝亲敬老文化等相关人口老龄化国情教育内容。

《读本》面向全社会，重点对象是党政干部，主要是为人口老龄化国情教育主题宣讲提供内容，为中央和地方主流媒体进行集中宣传提供素材，为各地、各部门举办人口老龄化国情教育主题文化活动和组织文艺创作提供背景材料等。各地、各部门可在此基础上，根据不同地区教育对象和活动阶段，结合自身实际，因地制宜增补特色内容，编写专题培训教材，探索开展人口老龄化国情教育的创新形式，提高人口老龄化国情教育的参与性、实效性、针对性。

《读本》由全国老龄工作委员会办公室委托北京大学课题组编写，主要编写人员：陆杰华、郑志刚、魏彦彦、劳明明、王会晴、高金再等。全国老龄工作委员会办公室参加编写和审稿人员：吴玉韶、刁海峰、潘力、肖宏燕、李霞、周宏、王品、李晶、赵建国、孙娟娟、李伟旭、彭捷、刘伟、赵新阳、刘秉中等。《读本》在编写过程中，先后多次征求全国老龄工作委员会相关成员单位、地方老龄部门以及专家学者的意见，在此一并表示感谢！

尽管编写审阅人员下了很大功夫，但由于老龄相关理论和实践尚在不断发展当中，加之编写时间和编写人员水平所限，《读本》仍然存在一些疏漏与错误，敬请广大读者提出宝贵意见和建议。

编 者

2018 年 12 月

目 录

第一章 习近平总书记关于老龄工作的重要论述
一、老龄工作的宏观构想 ············ 001
二、老龄工作的专门领域 ············ 005

第二章 世界进入人口老龄化时代
一、世界及主要国家人口老龄化发展概述 ············ 010
二、国际社会应对人口老龄化的主要共识 ············ 014
三、国际社会应对人口老龄化的典型经验 ············ 019

第三章 人口老龄化是我国的基本国情
一、我国人口老龄化的基本态势 ············ 024
二、我国人口老龄化的深刻影响 ············ 029
三、应对人口老龄化的战略环境 ············ 041

第四章 应对人口老龄化的实践
一、应对人口老龄化主要成就 ············ 048
二、应对人口老龄化实践经验 ············ 062
三、应对人口老龄化主要问题 ············ 065

第五章　老年人社会保障

- 一、社会保险 ······ 067
- 二、社会福利 ······ 074
- 三、社会优待 ······ 078
- 四、社会救助 ······ 083

第六章　养老服务

- 一、家庭养老 ······ 088
- 二、居家社区养老服务 ······ 089
- 三、机构养老服务 ······ 093

第七章　老年健康支持

- 一、"健康中国2030"规划纲要 ······ 098
- 二、老年人健康教育和疾病预防 ······ 100
- 三、健全老年医疗卫生服务体系 ······ 102
- 四、大力推进老年康复护理服务 ······ 103
- 五、加强相关科研工作和人才培养 ······ 105
- 六、医疗卫生与养老服务相结合 ······ 106
- 七、积极推动老年健康产业发展 ······ 108

第八章　老年人精神关爱

一、关注精神需求 …………………………… 110

二、繁荣老年文化 …………………………… 114

三、发展老年教育 …………………………… 118

四、加强老年体育 …………………………… 122

第九章　老年人社会参与

一、我国老年人社会参与取得的主要成就 …………… 127

二、老年人社会参与的主要领域 …………………… 129

三、老年人社会参与的政府责任 …………………… 134

第十章　老年宜居环境建设

一、老年宜居环境建设的基本现状 ………………… 140

二、老年宜居环境建设的指导意见 ………………… 142

三、老年宜居环境建设的基本理念 ………………… 144

四、老年宜居环境建设的基本要求 ………………… 146

五、老年宜居环境建设的重点任务 ………………… 147

第十一章　弘扬孝老爱亲传统

一、我国传统孝老爱亲文化的变迁 …………… 153

二、正确认识孝老爱亲文化 …………… 154

三、推进新时代孝老爱亲文化建设 …………… 157

四、新时代孝老爱亲文化的创新实践 …………… 159

第一章
习近平总书记关于老龄工作的重要论述

党的十八大以来,积极应对人口老龄化已上升为国家长期战略任务。习近平总书记高度重视老龄工作,多次对加强老龄工作作出重要指示批示,多次主持召开专题会议研究部署老龄工作,在党和国家的许多重要会议上论及老龄工作,在国内视察基层工作和在国际交往中多次涉及老龄工作,提出了加强老龄工作、发展老龄事业的许多新理念、新思想、新战略、新要求,形成了加强新形势下老龄工作、有效应对人口老龄化的最根本顶层设计,为做好新形势下的老龄工作提供了根本指针和行动指南。

一、老龄工作的宏观构想

中共中央政治局2016年5月27日下午就我国人口老龄化的形势和对策举行第三十二次集体学习。习近平总书记主持学习并发表重要讲话,科学分析了我国人口老龄化发展形势及其影响,肯定了我国老龄工作的巨大成就,指出了老龄事业存在的不足,对老龄工作的理念、方针、原则和思路作出了新概括,对老龄工作的重点和措施等提出明确要求。

(一)"一个中心"的发展思想

党的十八大以来,从"人民对美好生活的向往,就是我们的奋斗目标",到"让人民群众有更多获得感",再到"以人民为中心的发展思想",一系列重要论述和实践,清晰地勾勒出以习近平同志为核心的党中央治国理政的"民生逻辑"和"人民至上"的执政情怀。

"保持经济增长速度、推动经济发展,根本还是要不断解决好人民群众普遍关心的突出问题。从解决好人民群众普遍关心的突出问题出发推进全面小康社会建设,符合推进供给侧结构性改革的要求,有利于创造新的增长点、提高长期增长潜力,而新的增长点就蕴含在解决好人民群众普遍关心的突出问题当中。"习近平总书记强调指出。

就老年群体而言,习近平总书记强调最多的是不断增加老年人的幸福感和获得感,尊重老年人的主体地位,更好地发挥老年人积极作用,让全体老年人都能生活得安心、静心、舒心,都能健康长寿、安享幸福晚年。他亲自主持研究制定《国务院办公厅关于制定和实施老年人照顾服务项目的意见》,研究提高养老院服务质量的思路和要求。他尤其重视为老年人排忧解难,亲自深入社区、养老院和老年人家庭,详细了解老年人所思、所想、所盼。

(二)"两个事关"的战略定位

2015年10月,习近平总书记就加强老龄工作作出重要指示:"有效应对我国人口老龄化,事关国家发展全局,事关亿万百姓福祉。要立足当前、着眼长远,加强顶层设计,完善生育、就业、养老等重大政策和制度,做到及时应对、科学应对、综合应对。此事要提上重要议事日程,'十三五'期间要抓好部署、落实。"

这"两个事关",把老龄工作提升到了前所未有的战略和全局高度,是习近平总书记立足全心全意为人民服务的宗旨和"两个一百年"奋斗目标,对老龄工作地位和作用的高度概括。2020年前后我国60岁以上(以上包含本数,下同)老年人口将增长到2.55亿人,并将迎来老年人口年均增长千万的第二个增长高峰;2050年前后我国老年人口将达到4.87亿人的峰值,这两个峰值到来的时间大致与两个一百年奋斗目标的时间节点相吻合，做好应对人口老龄化的各项工作、解决世界上规模最大的老年人的问题，必然关系到新"两步走"战略的顺利推进和中华民族伟大复兴的中国梦的实现。

（三）"三个应对"的总体要求

习近平总书记强调，有效应对我国人口老龄化，要做到及时应对、科学应对、综合应对。这"三个应对"言简意赅、内涵丰富，是有效应对我国人口老龄化的总体要求和战略方向。

"及时应对"就是要未雨绸缪、早做准备，抓住用好战略机遇期，尽快夯实应对人口老龄化的各项基础，掌握战略先机和主动权；"科学应对"就是要尊重人口老龄化的发展规律，加强科学研究、推进科学决策、实施科学行动、建立科学制度，提高政策措施的精准性，走出一条"低成本高成效"的应对之路；"综合应对"就是要做好顶层设计，统筹各种力量、资源和手段，形成强大合力，提高应对人口老龄化行动的全面性、协同性和实效性。

（四）"四个转变"的发展思路

习近平总书记强调，"要适应时代要求创新思路，推动老龄工作向主动应对转变，向统筹协调转变，向加强人们全生命周期养老准备转变，向同时注重老年人物质文化需求、全面提升老年人生活质量转变。"这"四个转变"明确了新形势下我国老龄工作的基本思路。

"推动老龄工作向主动应对转变"，就是要有清醒自觉，加强超前谋划，主动做好各项战略准备；"向统筹协调转变"，就是要注重齐抓共管，解决资源分散、各自为政问题，实现多方参与、步调一致；"向加强人们全生命周期养老准备转变"，就是由单纯解决老年群体的问题，转变为加强人们全生命周期养老准备、解决全体公民老年期的问题，引导人人为老年期做好养老物质储备和健康储备；"向同时注重老年人物质文化需求、全面提升老年人生活质量转变"，就是既关注老年人物质保障和生活服务，又不断满足老年人日益增长的精神文化需求，全方位提升老年人生活质量。

（五）"五个着力"的重点任务

习近平总书记要求，着力增强全社会积极应对人口老龄化的思想观念，着力完善老龄政策制度，着力发展养老服务业和老龄产业，着力发挥老年人积极作用，着力健全老龄工作体制机制。这"五个着力"，从思想观念到政策制度，从发展动力到应对活力，从工作手段到体制机制，强调的是要从多角度、多层次、多领域全面加强老龄工作，有效应对人口老龄化。其中，凝聚社会共识是积极应对人口老龄化的基础，构建系统完备的老龄政策制度体系是积极应对人口老龄化的关键，推动老龄事业和产业协同发展是积极应对人口老龄化的必要依托，发挥老年人积极作用是积极应对人口老龄化的内生动力，健全老龄工作体制机制是积极应对人口老龄化的重要保障。

专栏　　　　习近平同志谈"尊老"

在河北正定县工作期间，习近平同志对老干部关怀备至，并在1984年12月7日《人民日报》上发表《中青年干部要"尊老"》一文。这是习近平同志第一次在《人民日报》发表署名文章。

二、老龄工作的专门领域

习近平总书记站在全局和战略的高度，在研究部署党和国家的各方面工作时，都考虑到人口老龄化这一因素，将老龄工作融入党和国家工作的方方面面，在许多重要会议上对加强老龄工作、有效应对人口老龄化提出相应要求。对应对人口老龄化、加强老干部工作、发展养老服务、实施老年人照顾服务等老龄工作的专门领域作出部署、提出要求。

（一）人口老龄化应对

1. 全球视野

2016年9月4日，习近平主席在二十国集团领导人杭州峰会的开幕辞中指出，世界经济又走到一个关键当口，面临不少问题和挑战，其中的一个重要方面是，主要经济体先后进入老龄化社会，人口增长率下降，给各国经济社会带来压力。

2. 经济发展新常态

习近平总书记把人口老龄化作为经济发展新常态的一个重要因素，深刻分析了人口老龄化对我国经济发展的影响。2014年12月9日，习近平总书记深刻分析了人口老龄化日趋发展对我国劳动力供给和生产要素相对优势的影响。他说："从生产要素相对优势看，过去劳动力成本低是最大优势，引进技术和管理就能迅速变成生产力，现在人口老龄化日趋发展，农业富余劳动力减少，要素的规模驱动力减弱，经济增长将更多依靠人力资本质量和技术进步，必须让创新成为驱动发展新引擎。"

3. 人口均衡发展

习近平总书记对调整独生子女政策、促进人口均衡发展和保证人口安全作出重大决策部署。2015年10月26日，习近平总书记在十八届五中全会上就《中共中央关于制定国民经济和社会发展第十三个五年规划的建议》作说明。他指出,当前,我国人口结构呈现明显的高龄少子特征,适龄人口生育意愿明显降低,养儿防老的社会观念明显弱化,劳动年龄人口开始绝对减少,这种趋势还在继续。这些都对我国人口均衡发展和人口安全提出了新的挑战。"全面实施一对夫妇可生育两个孩子政策,可以通过进一步释放生育潜力,减缓人口老龄化压力,增加劳动力供给,促进人口均衡发展。"

(二)老年人服务

2015年10月29日,习近平总书记在党的十八届五中全会第二次全体会议上指出,"我们要坚持以人民为中心的发展思想,针对特定人群面临的特定困难,想方设法帮助他们解决实际问题。""对1.3亿多65岁以上的老年人,要增加养老服务供给、增强医疗服务的便利性。"

> **专栏** 习近平同志在地方工作期间重视养老服务工作
>
> 在浙江工作期间,习近平同志指导杭州西湖区翠苑一区社区办起了社区托老所和全市第一家老年食堂,要求"把社区托老所和老年食堂办好,持之以恒地为社区老年人提供力所能及的服务和帮助"。他还要求,大力发展生活性服务业,提高现代服务业在经济总量中的比重,有效应对老龄化。

关于制定和实施老年人照顾服务项目,这是总书记亲自提议并多次过问的一项重要工作。2016年12月5日,习近平总书记主持召开中央全面深化改革领导小组第三十次会议,会议审议通过了《关于制定和实施老年人照顾服务项目的意见》。总书记强调,"制定和实施老年人照顾服务项目,要从我国国情出发,立足老年人服务需求,整合服务资源,拓展服务内容,创新服务方式,提升服务质量,让老年人享受到更多看得见、摸得着的实惠。要重点关注高龄、失能、贫困、伤残、计划生育特殊家庭等困难老年人的特殊需求。"

习近平总书记对加强农村老龄工作、发展农村养老保障和服务提出明确要求。2013年12月23日，习近平总书记在中央农村工作会议上指出，"这些年，我国农村劳动力老龄化很快"，"要抓紧完善相关政策措施，健全农村留守儿童、留守妇女、留守老年人关爱服务体系。"2017年2月21日，中共中央政治局就我国脱贫攻坚形势和更好实施精准扶贫举行第三十九次集体学习，习近平总书记在主持学习时强调，"从人群分布看，残疾人、孤寡老人、长期患病者等无业可扶无力脱贫的贫困人口，需要通过加大投入、完善社会保障来实现脱贫。""要集中力量攻坚克难，把贫困老年人、残疾人群体作为攻坚重点……确保在既定时间节点完成脱贫攻坚任务。"

（三）老干部工作

关于老干部工作，习近平总书记既十分重视加强军队老干部工作，也对做好地方老干部工作提出具体要求。2014年10月11日，习近平总书记专门给全军老干部工作暨"三先"表彰电视电话会议发来贺信，充分肯定了军队离退休干部的历史功绩和巨大贡献，要求广泛宣传先进离退休干部的先进事迹，弘扬老同志的高尚品德，进一步形成尊重老同志、爱护老同志、学习老同志、重视发挥老同志作用的良好氛围。他强调，军队老干部工作是党和军队的一项重要工作。各级党委和机关要高度重视老干部工作，坚持思想上关心、生活上照顾、精神上关怀，满腔热情为老干部办实事、办好事。要加强离退休干部党组织建设、提高老干部服务管理工作水平、丰富老干部精神文化生活，让所有老干部都能安享晚年。

2016年12月23日，习近平总书记对全国老干部工作先进集体和先进工作者表彰大会作出重要指示，"老干部是党执政兴国的重要资源，是推进中国特色社会主义伟大事业的重要力量。广大老干部对党怀有深厚感情,对党的事业无比忠诚,体现了老干部忧党爱国为民的情怀。希望广大老干部珍惜光荣历史,不忘革命初心,永葆政治本色,继续做全面从严治党的坚定支持者和模范践行者,继续讲好中国故事、弘扬中国精神、传播好中国声音,积极为实现'两个一百年'奋斗目标和中华民族伟大复兴的中国梦贡献智慧和力量。"他还指出,"老干部工作承担着党中央关心爱护老干部的重要任务,是一项需要付出、需要奉献的重要工作,长期以来,广大老干部工作者爱岗敬业、任劳任怨,为老干部工作作出了重要贡献。老干部工作部门和老干部工作者要认真学习先进典型,用心用情做好工作,努力在平凡的岗位上作出不平凡的业绩。"

(四)养老服务业

2016年10月11日,习近平总书记主持召开中央全面深化改革领导小组第二十八次会议,会议审议通过了《国务院办公厅关于全面放开养老服务市场提升养老服务质量的若干意见》。习近平总书记指出,"养老服务业既是关系亿万群众福祉的民生事业,也是具有巨大发展潜力的朝阳产业。要紧紧围绕老年群体多层次、多样化的服务需求,降低准入门槛,引导社会资本进入养老服务业,推动公办养老机构改革,提升居家社区和农村养老服务水平,推进养老服务业制度、标准、设施、人才队伍建设,繁荣养老市场,提升服务质量,让广大老年人享受优质养老服务。"

2016年12月21日,习近平总书记主持召开中央财经领导小组第十四次会议,会议将提高养老院服务质量作为涉及人民生活质量的六件大事之一来研究部署。习近平总书记强调,"提高养老院服务质量,关系2亿多老年人口特别是4000多万失能半失能老年人的晚年幸福,也关系他们子女工作生活,是涉及人民生活质量的大事。要按照适应需要、质量优先、价格合理、多元供给的思路,尽快在养老院服务质量上有个明显改善,加快建立全国统一的服务质量标准和评价体系，加强养老机构服务质量监管，坚决依法依规从严惩处欺老、虐老行为。"

（五）弘扬孝老爱亲

习近平总书记对弘扬孝老爱亲的中华优秀文化传统提出明确要求。2015年2月17日，习近平总书记在春节团拜会上的讲话中强调，中华民族自古以来就重视家庭、重视亲情。尊老爱幼，就是这种观念的重要体现。他要求，要重视家庭建设，注重家庭、注重家教、注重家风，紧密结合培育和弘扬社会主义核心价值观，发扬光大中华民族传统家庭美德，促进家庭和睦，促进亲人相亲相爱，促进老年人老有所养。2017年6月23日，习近平总书记在深度贫困地区脱贫攻坚座谈会上的讲话要求，"要发扬中华民族孝老爱亲的传统美德，引导人们自觉承担家庭责任、树立良好家风，强化家庭成员赡养、扶养老年人的责任意识，促进家庭老少和顺。"

（六）推动国际合作

2014年3月25日至28日，习近平主席对法兰西共和国进行国事访问，推动中法两国于3月26日在巴黎发表了《中法关系中长期规划》，其中提出，"推动在老年医疗服务、医护养老院和家庭医疗领域建立伙伴关系并进行经验交流，在市县一级实施家庭医疗中期试点项目，建立融资体系、培训系统和社会医护人员资格认证系统。"2017年4月4日至6日，习近平主席对芬兰进行国事访问，4月5日于赫尔辛基发表了《中华人民共和国和芬兰共和国关于建立和推进面向未来的新型合作伙伴关系的联合声明》，其中提出，"双方将促进在积极应对人口老龄化和发展养老服务、社会救助和贫困治理领域的合作，通过组织专家进行研讨、互访，加强知识、经验和信息交流与合作"。

第二章
世界进入人口老龄化时代

人口老龄化是经济社会发展的必然结果，也是 21 世纪人类社会共同面临的重大课题。人口老龄化是不可逆转的客观趋势，同全球化、城镇化、工业化、信息化一道成为重塑世界发展格局的基础性力量。对所有国家的发展既是机遇也是挑战，是人类历史上前所未有的一场"无声的革命"。

一、世界及主要国家人口老龄化发展概述

（一）人口老龄化相关概念界定

当老年人在人口中的比例增大时，我们称之为"人口老化"或"人口老龄化"（源于英文中的"Aging"或"Ageing"）。按照国际通行标准，60 岁以上（以上含本数，下同）老年人口在总人口中的比例达到或超过 10%（或 65 岁以上老年人口在总人口中的比例达到或超过 7%）即进入"老龄社会"[1]。人口老龄化特别是指在这种人口年龄结构类型已经属于老年型的情况下，老年人口比重仍在继续上升的过程。一般而言，老龄问题是指由人的个体老化和人口群体老化给社会经济、社会发展以及老年人带来的问题。具体涵盖两个方面的问

---

[1] 《中华人民共和国老年人权益保障法》将"60 周岁"作为我国老年人界定的起始年龄。

题：一方面是指个体老化所带来的包括生理的、心理的、行为的和生活的问题；另一方面，是指人口群体老化即人口老龄化所带来的社会发展、经济发展问题，国际上称之为发展方面的问题。老龄问题最早是由马耳他驻联合国常驻代表在1969年联合国大会上作为补充项目"年长与老年人问题"提出的，从此老龄问题纳入联大会议的议事日程。目前，老龄问题已经被公认为21世纪人类社会的重大社会问题之一。

（二）世界人口老龄化发展进程

法国是世界上最早步入老龄社会的国家。1850年欧洲产业革命即将结束时，法国60岁以上人口已占总人口的10%。到20世纪60年代，几乎所有的西方国家都进入了老龄社会。

2019年，全球65岁以上人口总数约7.03亿人，占全球人口的比例达到9.1%。60岁以上人口大约以每年3%的速度增长。全球80岁及以上老年人口从2017年到2050年预计将增加3倍多，从1.37亿增加到4.25亿人。

到2030年，世界上60岁以上人口总数预计为14亿人，2050年为21亿，2100年可能上升到31亿。到2050年，除非洲以外，世界上所有地区的60岁以上人口占总人口的1/4或更多。在接下来的几十年里，由于近几十年出生的人数众多，老年人口的进一步增加几乎是不可避免。

（三）主要国家人口老龄化趋势

世界上人口老龄化最早、老年人口比例最高的国家大都是欧洲国家。法国和瑞典在19世纪最早出现了人口老龄化趋势。截至2019年，法国总人口6513万人，其中60岁以上人口占总人口的比例已达26.5%，65岁以上人口达到20.4%。到2050年，法国60岁以上人口占总人口的比例将达到33.7%，65岁以上人口将达到27.8%。

俄罗斯在20世纪60年代中期即已进入老龄社会，并且人口老龄化程度日益加深。1965年俄罗斯60岁以上人口占总人口的比例超过10%，达到10.4%；截至2019年，俄罗斯总人口14587.2万人，60岁以上人口3202.9万人，占总人口的22.0%。到2050年，俄罗斯60岁以上人口占总人口的比例将达到30.6%。

1970年，日本60岁以上人口占总人口比例达到10.4%，65岁以上人口的比例开始超过7%，这标志着日本正式进入老龄社会。截至2019年，日本总人口12686万人，65岁以上人口3552.3万人，占总人口的比例达28%。到2050年，日本60岁以上人口占总人口的比例将达到43.9%，65岁以上人口将达到37.7%。

2000年，韩国60岁以上人口占总人口的比例为11%，65岁以上人口的比例超过7%，标志着韩国正式进入老龄社会。在2000–2010年之间，65岁以上人口的比例增加了3.7个百分点。截至2019年，韩国的人口是5115.2万人，65岁以上人口771.5万人，占总人口的15.1%。到2050年，60岁以上人口占总人口的比例将达到44.8%，65岁以上人口将达到38.1%。

作为发达国家之一的澳大利亚在1950年就已经进入老龄社会。1950年，澳大利亚60岁以上人口的比例为12.45%，65岁以上人口为8.2%，而到人口老龄化战略提出前夕的2000年则上升为16.67%。截至2019年，澳大利亚人口总数为2520.3万人，65岁以上人口占总人口的比例为15.9%。到2050年，60岁以上的人口占总人口的比例将达到28.7%，65岁以上人口将达到22.8%。

美国在20世纪中期就进入人口老龄化时代。根据美国人口普查局公布的美国老年人口情况，从1950年开始，60岁以上人口已经占美国总人口的12.4%，65岁以上人口已经占美国总人口的8.1%。到2019年，美国65岁以上人口为5333.9万人，占总人口的16.2%。到2050年，美国60岁以上的人口占总人口的比例将达到28.2%，65岁以上的人口将达到22.4%。

2020年，60岁以上人口占总人口比例排名前20名的国家如表1所示。世界及主要国家60岁以上人口占总人口的比例如图1所示。

表1　2020年世界各国60岁以上人口占总人口比例排名（前20名）

序号	国家	总人口（千人）	60岁以上人口（千人）	60岁以上人口占总人口的比例（%）
1	日本	126495.647	43165.131	34.12
2	意大利	59132.073	18152.923	30.70
3	葡萄牙	10218.413	2999.074	29.35
4	德国	82540.45	24115.323	29.22
5	芬兰	5580.127	1603.827	28.74
6	保加利亚	6940.527	1962.896	28.28
7	克罗地亚	4115.947	1154.327	28.05
8	马提尼克岛	385.457	107.605	27.92
9	希腊	11102.572	3087.795	27.81
10	斯洛文尼亚	2082.055	578.77	27.80
11	马耳他	434.363	119.898	27.60
12	拉脱维亚	1892.993	519.947	27.47
13	美属维尔京群岛	104.858	28.700	27.37
14	西班牙	46459.219	12523.680	26.96
15	爱沙尼亚	1300.559	349.447	26.87
16	匈牙利	9621.254	2575.469	26.77
17	法国	65721.165	17566.270	26.73
18	荷兰	17181.248	4557.900	26.53
19	奥地利	8782.210	2327.639	26.50
20	立陶宛	2852.478	755.969	26.50

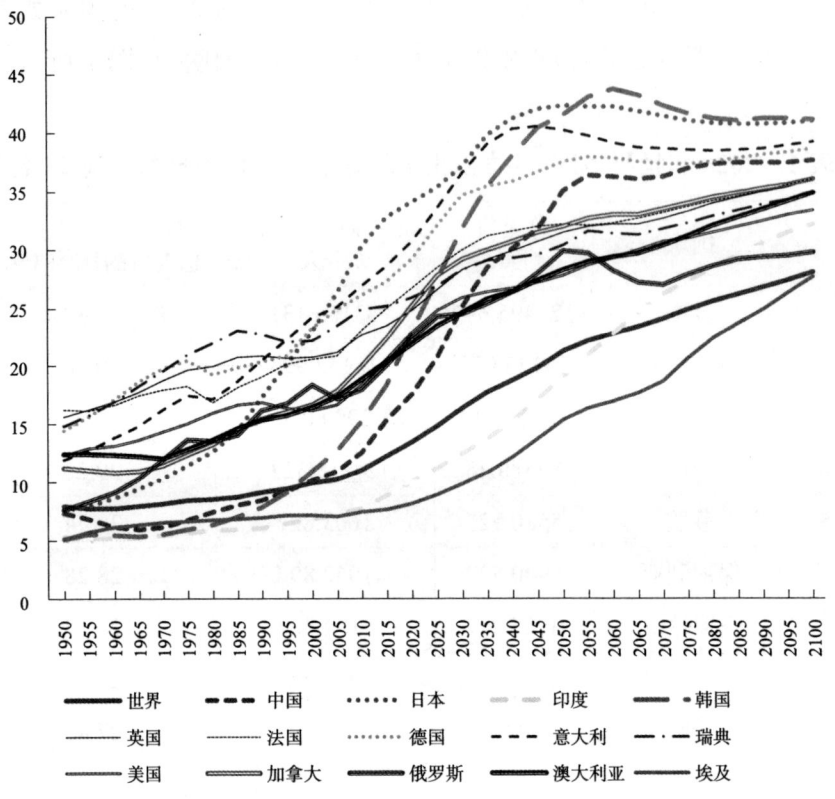

图 1　世界及主要国家 60 岁以上人口占总人口的比例（%）

数据来源：《世界人口展望》报告的 2017 年修订版中方案

二、国际社会应对人口老龄化的主要共识

20 世纪 80 年代以来，历届联合国大会都把老龄问题列入了议事日程。1982 年，联合国专门召开老龄问题世界大会，通过了《维也纳老龄问题国际行动计划》。之后，第 45 届、46 届、47 届联大又先后通过了《国际老人节》《联合国老年人原则》《2001 年全球解决老龄问题的奋斗目标》《联合国老龄问题宣言》《1999 年国际老年人年》《1999 年国际老年人年行动框架》以及 2002 年第二次老龄问题世界大会《政治宣言》《马德里老龄问题国际行动计划》和《后续行动》

等一系列重大决议。

一些代表性或权威的国际组织，如世界卫生组织（WHO）、世界银行（WB）、联合国人口基金（UNPFA）、国际劳工组织（ILO）、经济合作与发展组织（OECD）、国际助老会（HelpAge）、国际老龄联合会（IFA）、国际老龄协会（FIAPA）等，积极回应联大的决议，对协调人口老龄化与经济社会发展的关系进行了深入的研究和探讨，并为全球应对老龄问题的挑战提出了行动指南。

> **专栏**　　　　　　　　**国际老年人日**
>
> 为引起各国对人口老龄化问题的重视，1990年12月14日，联合国大会通过45/106号决议，指定10月1日为"国际老年人日"。1992年，第47届联合国大会通过《世界老龄问题宣言》，并决定将1999年定为"国际老年人年"。

（一）老年人原则

联合国大会于1991年12月16日通过《联合国老年人原则》（第46/91号决议），大会鼓励各国政府尽可能将这些原则纳入本国国家方案。

独立：老年人应能通过提供收入、家庭和社会支助以及自助，享有足够的食物、水、住房、衣着和保健；老年人应有工作机会或其他创造收入机会；老年人应能参与决定退出劳动力队伍的时间和节奏；老年人应能参加适当的教育和培训方案；老年人应能生活在安全且适合个人选择和能力变化的环境；老年人应能尽可能长期在家居住。

参与：老年人应始终融合于社会，积极参与制定和执行直接影响其福祉的政策，并将其知识和技能传给子孙后辈；老年人应能寻求和发展为社会服务的机会，并以志愿工作者身份担任与其兴趣和能力相称的职务；老年人应能组织老年人运动或协会。

照顾：老年人应按照每个社会的文化价值体系，享有家庭和社区的照顾和保护；老年人应享有保健服务，以帮助他们保持或恢复身体、智力和情绪的最佳水平并预防或延缓疾病的发生；老年人应享有各种社会和法律服务，以提高其自主能力并使他们得到更好的保护和照顾；老年人居住在任何住所、安养院或治疗所时，均应能享有人权和基本自由，包括充分尊重他们的尊严、信仰、需要和隐私，并尊重他们对自己的照顾和生活品质做决择的权利。

自我充实：老年人应能追寻充分发挥自己潜力的机会；老年人应能享用社会的教育、文化、精神和文娱资源。

尊严：老年人的生活应有尊严、有保障，且不受剥削和身心虐待；老年人不论其年龄、性别、种族或族裔背景、残疾或其他状况，均应受到公平对待，而且不论其经济贡献大小均应受到尊重。

（二）健康老龄化

1. 健康老龄化定义

健康老龄化（Healthy Ageing）一词最早提出于1987年5月召开的世界卫生大会。世界卫生组织首次提出了"健康老龄化"的概念。世界卫生组织于1990年提出实现"健康老龄化"的目标。2015年10月，世界卫生组织发布了《世界卫生组织关于老龄化与健康的全球报告》。在报告中，健康老龄化定义为发展和维护老年健康生活所需的功能发挥的过程。健康老龄化并非由机能或健康的某一水平或阈值来界定，而是定义为一个因每个老龄个体而具体不同的过程，因为每个个体的轨迹都会受到不同经历的影响随时发生变化。

为了探讨老年健康与机能问题，《世界卫生组织关于老龄化与健康的全球报告》对两个重要概念进行了定义和严格区分。首先是内在能力，指个体在任何时候都能动用的全部体力和脑力的组合。但是，内在能力只是决定老年人能做什么的因素之一；另外一个因素是老年人居住的生活环境以及老年人与生活环境的相互关系。对于能力处于任一水平的老年人，能否完成自己认为重要的那些事情，最终要取决于其生活环境中存在的各种资源和障碍。所以即使老年人内在能力有限，如果能够得到抗炎药物、辅助器材（如拐杖、轮椅、助力车）或者居住在可负担的、便利的交通设施附近，他们仍然能够去商场购物。这种个体与环境的结合及其相互关系就称为功能发挥。

2. 生命全程观点

以生命全程观点看待老龄化，老年人不是一个均一的群体，而且随着年龄的增加，个体差异有加大趋势。在生命各阶段进行干预，创建支持性的优良环境和促进健康的选择是很重要的。在世界各地区，包括发展中国家，非传染性疾病成为发病、致残和致死的主要原因。心血管疾病、高血压、脑卒中、糖尿病、肿瘤等非传染性疾病既是影响老年人的主要慢性疾病，又是个人、家庭和国家付出昂贵代价的主要疾病。但是许多非传染性疾病是可预防或者被延迟发生的。预防不力或对非传染性疾病的上升管理不当将产生大量人力和社会经济的消耗，这将耗去不相称的大量资源，这些资源本来可用于解决其他年龄组人群的健康问题。

越来越多的研究表明，一些慢性疾病像糖尿病和心脏病的初始危险，在童年早期甚至更早就开始了。这个危险是后来形成而且被一些诸如社会、经济状况和整个生命期间的经历等因素所改变。发生非传染性疾病的风险可随个体年龄的增加持续下去并增加。但是吸烟、缺乏体育活动、不适宜的饮食以及其他在成人时期已形成的危险的因素，把老年人置于相对更危险、更容易产生非传染性疾病的状态。因此，从生命初期到生命的晚期，即贯穿生命全过程都要注重非传染性疾病的危险性。正如世界卫生组织对健康定义所表述的那样，"健康"是指身体、精神以及社会适应。因此，在积极老龄化框架中，促进精神健康和社会接触的政策和计划与那些促进身体健康的计划一样重要。

(三)积极老龄化

1. 积极老龄化理念

积极老龄化（Active Ageing）这一概念是在20世纪90年代后期提出并采用的。2001年世界卫生组织出版了《健康与老龄化：讨论稿》，2002年为配合第二次老龄问题世界大会召开，在吸收多位专家意见和建议的基础上，出版了《积极老龄化：政策框架》以及此书的补充——2003年出版的《积极老龄化：从论证到行动》。这三本书系统地阐述了世界卫生组织对人口老龄化不断深化研究的历程。特别是在健康老龄化的基础上提出了积极老龄化的新观点，并被第二次老龄问题世界大会采纳。

现在，积极老龄化理念已经成为国际社会研究老龄问题的共识。正如世界卫生组织"老龄化和生命历程项目"协调员阿里克·卡拉奇在该书的"前言"中所言，"积极老龄化的政策框架和马德里第二次老龄问题世界大会通过的国际老龄行动计划一起，该计划为老龄政策提供了一个全新的视角。"

2. 积极老龄化含义

积极老龄化的含义比"健康老龄化"更加广泛。积极老龄化是指为了提高老年时期生活质量，使健康、参与和保障的机会尽可能获得最佳的过程。积极老龄化既适用于个体又适用于群体，让人们认识到自己在一生中能够发挥自己在体力、社会以及精神方面的潜能，并按照自己的需求、愿望和能力去参与社会，而且当他们需要帮助时能获得充分的保护、保障和照料。

积极老龄化从"需求为基础"的政策和计划的观点，转为"权利为基础"的观点，承认在增龄过程中老年人有机会均等和处理生活各个方面的权利。积极老龄化政策和计划有潜力来解决个体及人口老龄化两方面所面临的许多挑战。当健康、劳动力市场、就业、教育和社会政策支持积极老龄化的时候，其作用将是：处于具有高生产能力的生命阶段者极少早逝；在老年阶段因慢性病致残者极少；越来越多的人进入老年后享有良好的生活质量；越来越多的人进入老年后积极参与社会、文化、经济和政治活动，以有偿或无偿的方式在社会、家庭和社区生活中发挥作用；医疗和照料的支出减少。

积极老龄化政策和计划确认需要鼓励和平衡个人的责任（自我保健）、年龄和谐的环境和代际间的团结。个人和家庭需要为进入老年作计划和准备，努力在生命各个阶段积极锻炼，同时需要有支持性环境实现"使健康选择成为易行的选择"。

3.三个"积极看待"

实施积极应对人口老龄化战略，需要以科学发展观为指导，立足我国改革开放和现代化建设大局，树立"积极老龄观"，做到三个"积极看待"：一要积极看待老年人。老年人曾经为国家建设做出过重要贡献，在经验、知识、技能方面具有独特优势，是经济社会发展可以依靠的重要力量。全社会都要尊重和接纳老年人，形成养老孝老敬老的良好氛围；同时，要继续发挥老年人的作用。二要积极看待老年生活。老年期是人生发展的重要阶段，人人都要积极面对老年生活，提前规划老年生活，乐于安享老年生活。三要积极看待老龄社会。我国的人口老龄化是经济社会发展进步的产物。既要看到人口老龄化带来的不利影响和各种挑战，又要看到应对人口老龄化的有利条件和发展机遇，从根本上要树立成功应对人口老龄化的道路自信、理论自信、制度自信、文化自信。

三、国际社会应对人口老龄化的典型经验

（一）保持经济持续增长

保持经济持续增长是应对人口老龄化的根本保障。针对人口老龄化削弱经济增长潜力的问题，需要最大限度地激发经济活力，实现老

龄社会条件下的经济长期繁荣。增强宏观经济和微观经济的动力机制，使经济发展迈入依靠科技创新驱动经济增长之路。实施资本经济与实体经济协调发展战略，高度重视金融型养老资产的规模与变化，特别是老龄化高峰期养老金支出对金融体系和经济系统的影响，防范系统性风险。

（二）发挥政府主导作用

应对人口老龄化是一项复杂的系统工程，需要发挥政府、市场、社会、家庭、个人等多方面作用。其中，政府的主导作用不可替代。为此，联合国在1982年的《维也纳老龄问题国际行动计划》、2002年的《马德里老龄问题国际行动计划》以及后续行动计划和老龄问题国际会议中，都特别强调政府在应对人口老龄化国家战略执行方面的重要作用。许多国家相继建立了国家层面的老龄工作机制。例如，国家正式的老龄事务机构（如，法国国家退休与老年人委员会、美国老龄署）、非政府老龄事务机构（如，美国退休者协会、韩国福利设施协议会）、老龄问题研究和咨询机构（如，日本总理府老龄问题研究室、意大利积极老龄化联盟）。通过这些专门机构的工作，把应对人口老龄化纳入国家发展计划。

（三）提高劳动生产率

许多发达国家加强教育、培训和研发投入，特别是职业教育和终身教育，希望通过加强教育提升人力资本，提高劳动生产率。另外，劳动生产率提高的动力不仅包括增加和改善人力资本投资，还包括研发领域高端人才的培养和大量资金的注入。因此，在人口老龄化过程中，很多国家也非常重视研发费用的投入。例如，瑞典和芬兰在欧盟的研发投入最高，占GDP的3.5%左右，而紧随其后的德国研发投入占GDP的2.5%。

（四）适当提高退休年龄

发达国家普遍改革退休制度，适当提高退休年龄，提出"寿命更长，工作更长"（Living Longer, Working Longer）的战略思想。在具体实践中，发达国家采取循序渐进的方法逐步延迟退休年龄。如美国计划在 2002—2027 年的 25 年间，对不同出生队列的人采用不同的调整方式，把退休年龄逐步由 65 岁延长到 67 岁；英国计划先将女性退休年龄在 2010—2020 年逐步延长到 65 岁，与男性相同，然后在 2024—2046 年逐步共同提升到 68 岁；意大利计划在 2018 年将女性退休年龄升至与男性一样为 65 岁，然后继续同步升高至 2050 年的 68 岁；德国计划在 2012—2029 年把退休年龄从 65 岁升至 67 岁；法国计划在 2018 年把现行的 60 岁退休延迟到 62 岁；日本计划男性将在 2013—2025 年，女性将在 2018—2030 年间，退休年龄从 60 岁逐步延长到 65 岁；韩国到 2033 年退休年龄将提高到 65 岁。推迟法定退休年龄，尽管各国设计的路径不同，但殊途同归，目标一致。一方面，延长个体生命周期中的劳动工作年限，提升了生命价值的社会贡献度，增加人生中创造财富的时间，也在宏观上增加了劳动力资源的供给；另一方面，缩短个体生命周期中领取养老金的时间和退休后的闲暇时间，缓解并适度抵消人口老龄化对经济社会发展的压力。

（五）完善老龄法律体系

老年人问题，特别是老年人权益保障问题，是应对人口老龄化过程中的一个重大问题。解决这一问题，不能仅仅靠制度安排，还需要强有力的法律保障。英国、美国、日本、德国、瑞典等发达国家老年社会保障制度的建立、发展和完善无不是以法律的颁布和实施为前提，各国老年人权利的全面实现也是法律强制实施的结果。目前，世界上有 140 多个国家的法律中有涉及老年人合法权益的条款，美国、巴西、墨西哥等国家则有专门的老年人法。实践证明，通过立法制定完善的老龄法律体系是成功应对人口老龄化和解决老年人问题的必然选择。

（六）鼓励生育和吸收移民

早在20世纪70年代，西方发达国家已在设法提升国民生育率水平，以求从根本上改善人口年龄结构，增加劳动力资源，防止人口过度老龄化。普遍实行的政策包括直接鼓励生育、对生育子女提供各类服务、减轻家庭养育孩子的经济负担、提供完整的育儿假制度、强化传统家庭功能等政策。法国、俄罗斯、德国、日本等许多国家在此方面都采取了强有力的措施。发达国家虽然在鼓励家庭生育方面做出很多努力，但其生育率水平依然持续低迷，人口老龄化程度不断加深。

与此同时，许多发达国家采取了吸纳国际移民的政策，吸引发展中国家素质型人才。如美国、加拿大、澳大利亚等国，主要接收技术型、技能型、商务型和学生移民。国际移民为发达国家补充了劳动力资源，缓解了人口老龄化，增加了人力资本存量，增添了人口增长活力，节省了人力资本投入。同时也带来了文化、族裔、宗教信仰、收入差距、社会融入等方面的社会矛盾。

纵观发达国家人口老龄化问题的发生发展以及应对人口老龄化的实践，迄今为止，还没有任何一个国家形成一整套应对人口老龄化的成功模式，原因是多方面的。

首先，从客观上看，人口老龄化是长周期现象，带来的问题是一个逐步展现的过程，一些深层次的矛盾还没有完全显现。其次，从主观上看，人类社会对人口老龄化问题的认识也是一个逐步深化的过程。目前的认识仍不够深刻全面，特别是对人口老龄化与经济社会发展之间的规律还没有完全把握。第三，从问题自身看，老龄问题具有原因的多元性、传导路径的错综性、影响的广泛性、表现的复杂性和应对的系统性，这是发达国家还没有找到应对人口老龄化的成功模式的根本原因。

从理论上来说，研究发达国家面临老龄问题时的经验和教训，对于我国而言，具有重要的借鉴意义。但是，从实践上来说，发达国家的经验和做法应予辨证看待：第一，任何国家面临的问题、应对的经验和教训都根植于其独特的国情，有其特殊性和适用的局限性。第二，相对于中国来说，发达国家大都是小国模型，即使是美国，其人口规模仍然相对较小，其经验，作为大国模型的中国，也不能盲目照搬。第三，发达国家基本实现了现代化，而我国尚处于社会主义初级阶段，这决定了我们和发达国家在应对人口老龄化上的战略基点不同。第四，我国和发达国家在政治制度、社会结构、资源禀赋和文化传统等方面均存在较大差异，这决定了我国必须在借鉴发达国家经验和教训的基础上，紧密结合国情，努力探索出中国特色的成功应对人口老龄化的道路。

第三章
人口老龄化是我国的基本国情

1999年末，我国60岁以上人口超过总人口的10%，65岁以上人口达7%，标志着我国进入老龄化社会。当前，我国人口老龄化正处在快速发展阶段，截至2019年底，我国60周岁以上人口25388万人，占总人口的18.1%，其中65周岁以上人口17603万人，占总人口的12.6%。国家应对人口老龄化战略研究预测数据显示，我国人口老龄化程度将持续加深，至本世纪中叶将达到顶峰35%左右。随后至本世纪末，我国老年人口将维持在总人口的1/3左右。人口老龄化将是贯穿我国21世纪的重要国情，积极应对人口老龄化将是我国的一项长期战略任务。

一、我国人口老龄化的基本态势

（一）我国人口老龄化的发展阶段

据国家应对人口老龄化战略研究预测，21世纪我国人口老龄化将历经四个重要发展阶段。

快速人口老龄化阶段（1999—2022年）。老年人口数量从1.31亿增至2.68亿，人口老龄化水平从10.3%升至18.5%。其中，2009-2018年我国老年人口进入第一次增长高峰，年均净增840万人，年均增长率达4.07%，2019-2022年人口老龄化速度有所放缓。此阶段的典型特征是少儿人口数量和比重不断减少、劳动力资源供给充分、社会总抚养比相对较低,有利于我国做好应对人口老龄化的各项战略准备。

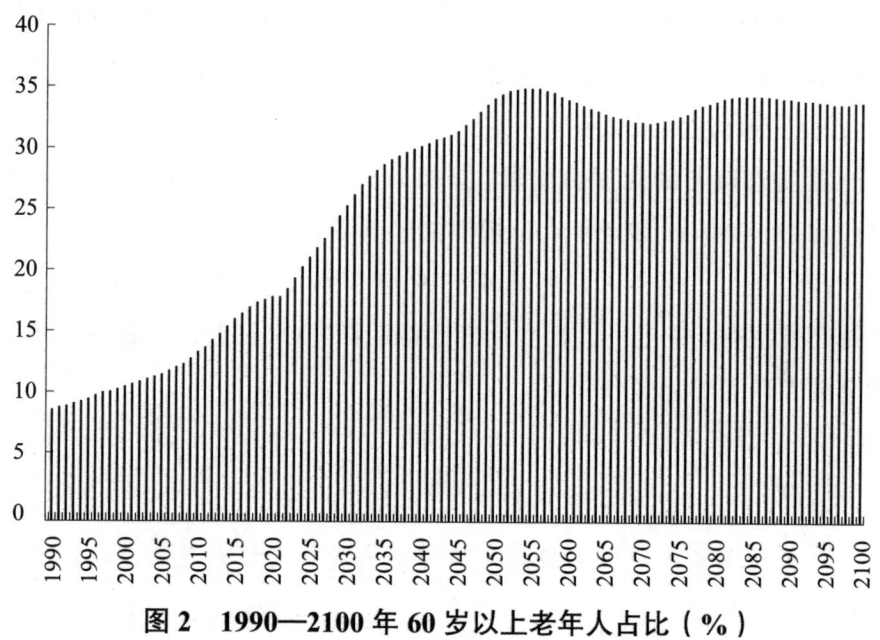

图 2　1990—2100 年 60 岁以上老年人占比(%)

数据来源:国家应对人口老龄化战略研究总报告—中国人口老龄化发展态势预测中方案(全国)

> 专栏　　　　　　　　　总抚养比
>
> 　　总抚养比,也称总负担系数。指人口总体中非劳动年龄人口数与劳动年龄人口数之比。通常用百分比表示。说明每 100 名劳动年龄人口要负担多少名非劳动年龄人口。

急速人口老龄化阶段(2022—2036 年)。老年人口数量从 2.68 亿增至 4.23 亿,人口老龄化水平从 18.5% 升至 29.1%。此阶段我国总人口规模达到峰值并转入负增长,老年人口进入增速最快时期并将迎来第二个增长高峰,年均净增 1106 万人,年均增长率为 3.26%,

老年抚养比快速提升。

深度人口老龄化阶段（2036—2053年）。老年人口数量从4.23亿增至4.87亿的峰值，人口老龄化水平从29.1%升至34.8%。其中，2046—2050年，老年人口将迎来第三次增长高峰，年均净增666万，年均增长率为1.42%。此阶段总人口持续负增长，高龄化趋势显著，社会总抚养比达到最大值。

重度人口老龄化平台阶段（2053—2100年）。此阶段，少儿人口、劳动年龄人口和老年人口规模共同减少，各自比例相对稳定，老龄化高位运行，老年人口将从4.87亿减少到3.83亿，人口老龄化水平始终稳定在1/3上下，社会抚养比稳定在90%以上，形成一个稳态的重度人口老龄化平台期。

专栏　　　　　　　劳动年龄人口

劳动年龄人口，一般指法律规定的成年人口数量减去法定退休年龄人口数量以后的人口总数。国际上一般把15—64岁列为劳动年龄人口，我国规定男子16岁—60周岁，女子16岁—55周岁，这部分人口被视为劳动年龄人口。

（二）我国人口老龄化的成因分析

老年人口在总人口中比例的增加是生育率和死亡率水平降低的结果，生育率的下降造成了低年龄组人口数量的减少，死亡率的下降则导致了人口平均预期寿命延长，从而使老年人口在总人口中的比例不断上升，形成人口老龄化。我国人口老龄化的形成与发展具有特殊性，主要表现在以下方面。

1. 人口生育率快速降低

从20世纪70年代初到90年代初，在经济社会快速发展和计划生育政策的共同作用下，我国总和生育率迅速从5.8下降至更替水平

（2.1）以下，仅用30—40年的时间就完成了发达国家用一个世纪乃至更长时间才完成的人口再生产类型转变，在缓解了人口过快增长压力的同时也加速了人口老龄化进程。

> **专栏** 　　　　　　　　**总和生育率**
>
> 总和生育率（total fertility rate，简称TFR），也称总生育率，是指该国家或地区的妇女在育龄期间，每个妇女平均的生育子女数。这种生育率计算方式，并非建立在真正一组生育妇女的数据上，因为这涉及等待完成生育的时间。此外，这种计算模式并不代表妇女们一生生育的子女数，而是基于妇女的育龄期，国际传统上一般以15岁至44岁或49岁为准。

2. 人口平均预期寿命延长

随着我国经济社会快速发展，人民生活水平逐步提高，医疗卫生事业不断进步，我国人口平均预期寿命已从新中国成立初期的35岁提高到2016年的76.4岁[1]。在60多年的时间里，我国人口平均预期寿命提高了超过40岁，提高速度远远超过发达国家和世界平均水平，这无疑加速了我国人口老龄化进程。

3. 生育高峰连续推动

人口惯性是人口自身发展的规律，现有人口年龄结构是影响未来人口老龄化发展的重要因素。新中国成立后，我国先后在1949—1958年、1962—1976年、1986—1990年期间，出现过三次生育高峰，这会在21世纪上半叶演化为三次老年人口增长高峰。

除以上直接因素外，一些间接因素也推动了我国人口老龄化的发展。例如，城镇化快速发展通过提升人口平均预期寿命和降低生育率

---

[1] 2018年6月6日，世界卫生组织（WHO）发布《2018世界卫生统计报告》（World Health Statistics 2018）

水平间接推动人口老龄化进程；出生人口性别比持续偏高通过减少育龄妇女基数降低生育率水平从而加速人口老龄化进程。

（三）我国人口老龄化的基本特征

1. 绝对规模大

我国老年人口规模十分巨大。2013年，我国60岁以上老年人口已突破2亿。根据预测，2025年将突破3亿，2033年会突破4亿，2053年将达到峰值4.87亿，本世纪后半叶将一直稳定在3.8亿~4.0亿之间。2070年之前，我国将一直是世界上老年人口规模最大的国家。

2. 发展速度快

我国是世界上人口老龄化速度最快的国家之一。从1999年进入老龄化社会至2054年人口老龄化率达到峰值，老年人占比从约10%提升至近35%，我国仅仅用了55年时间，就走过了英国、法国等西方国家百余年的人口老龄化进程，发展速度可见一斑。

3. 高龄化显著

我国高龄老年人口的规模及发展速度在世界人口老龄化发展进程中是少有的。2010年我国80岁以上高龄老年人口规模为1904万，2021年将达到3000万，2033年将超过5000万，2049年达到1亿，2073年将达到峰值1.34亿。本世纪90年代以前，我国始终是世界上高龄老年人口规模最大的国家。从高龄比（高龄老年人口在老年人口总量中的比重）来看，2010年为11.4%，2050年将达到22.3%，2100年将达到33.6%，届时老年人口中的1/3都是高龄老人。

4. 发展不均衡

我国人口老龄化呈现城乡倒置、区域发展不均衡等特点。由于农村人口生育率水平相对较高、人均预期寿命相对较低，农村人口老龄化速度和程度一般会低于城镇，而我国则呈城乡倒置特点，主要原因在于快速城镇化导致大规模农村劳动年龄人口流向城市。预测结果表明，21世纪我国农村人口老龄化程度始终高于城镇，2033年左右将达到最大差值13.4个百分点。我国各省（区、市）的人口都将快速老龄化，但是进度参差不齐。按照65岁以上老年人口占比计算，2000年全国共有14个省（区、市）先行进入老龄化社会，最早和最迟进入人口老龄化的上海和西藏先后相差40余年。

5. 波动幅度大

建国初期50年间的三次人口生育高峰将带来本世纪上半叶的三次老年人口增长高峰，这将导致这一时期老年人口增长数量和比例呈剧烈波动态势，波动幅度超过50%。这种大起大落的人口发展态势，将对经济社会协调发展形成剧烈的振荡效应。

6. 家庭变迁加剧

人口老龄化在家庭层面表现为家庭小型化、少子化、老年人家庭户比重提升，随之而来的独生子女家庭、无子女家庭、无配偶老年人、丧偶老年人的增加大大提高了依靠家庭养老的风险。全国人口普查资料以及国家应对人口老龄化战略研究显示，1982年，我国平均家庭规模4.41人，2010年减至3.10人，2050年将进一步缩小至2.51人；2010年，我国有无子女家庭840万户、无配偶老年人5162万人、丧偶老年人4786万人，到本世纪中叶，这些数据将分别增加至4000万户、1.57亿人、1.50亿人左右。

二、我国人口老龄化的深刻影响

联合国有关报告指出，人口老龄化是人类历史上前所未有的一场"无声的革命"，足以影响或改变未来。研究与实践表明，人口老龄化对经济、社会、政治、文化等方方面面都将产生重大而深远的影响，既是各领域转型升级发展的良好机遇，相应地，也会带来各种挑战和风险。

（一）人口老龄化对经济发展的影响

人口老龄化问题首先是一个重大的经济问题，快速发展的人口老龄化，正成为深刻影响我国经济可持续发展的长期性、基础性、约束性因素，同时也会带来推动经济发展的重大机遇。

1. 人口老龄化对经济发展的制约

（1）三大变化

一是劳动力供给格局发生重大变化。自2011年起，我国劳动年龄人口开始逐步减少，2011—2050年将由9.40亿缩减到7.13亿，减少24.2%。同时，劳动年龄人口中位年龄快速上升，老龄化加剧，到2030年，45岁以下劳动年龄人口将减少1/4。二是经济运行成本发生重大变化。预计2015—2050年间，全社会用于养老、医疗、照料、福利与设施方面的费用占GDP的比例，将由7.33%增长到26.24%，接近届时欧盟国家平均水平。三是国内消费需求结构发生重大变化。以青壮年为主的消费市场，如房地产、建筑材料、汽车等将逐渐萎缩，而以老年人口为主的消费市场，如医药、服务、旅游等将不断扩张。研究显示，老年消费总额占GDP的比重，将从2011年的约5.1%，持续攀升到2050年的约16.4%。

（2）三大风险

一是经济增长潜力下降的风险。随着人口机会窗口关闭，劳动力低成本优势逐步丧失，资本供给量及其投资收益下降，投资拉动型经济增长方式面临考验，我国长期享有的劳动密集型产业比较优势和国际竞争力受到削弱。研究显示，2011—2050年期间，如果应对不力，人口老龄化可能使经济年均潜在增长率降低约1.7个百分点。二是实体经济与资本经济失衡的风险。人口老龄化将导致实体经济中用于消费的比例提高，用于储蓄和投资的比例降低，实体经济中产出下降，而资本经济层面的养老性金融资产不断膨胀，实体经济与资本经济结构失衡的风险增加。据测算，2011—2050年间，实体经济的国民储蓄率将下降约 13.5 个百分点。三是金融系统不稳定的风险。研究显示，2030 年前后，全国社保基金约占证券市场市值的 5% 以上，商业养老保险的资产所占份额也比较大。养老性金融资产占整个金融资产比重的提高，将对金融系统带来潜在风险。在老龄化高峰时期，养老保险基金支出和商业养老保险给付额的急剧增加，可能对整个金融市场造成较大冲击。另外，公共财政收入和支出结构也将面临重大变化，需要防范财政赤字风险和债务危机。

2. 人口老龄化带来的经济发展机遇

（1）改善消费结构和扩大服务性消费

投资、消费及出口是促进经济增长的"三驾马车"。其中，消费是生产的最终目的，直接关系到人民的生活水平，因此消费具有特别重要的意义。然而，消费即消耗，如果消费增长主要以大量消耗物质资源为代价，那么这样的经济增长方式终将是不可持续的。因此，以扩大消费拉动经济的增长方式，应以促进非物质性消费的"绿色"消费为基础。人口老龄化增加经济中"消费型"人口，为扩大消费特别是服务型消费提供了机遇。同年轻的劳动力相比，老年人有相对较多的服务需求，由此为扩大服务消费提供了更为有利的机会。

（2）促进产业结构升级和老龄产业发展

人口老龄化对产业发展有多方面的重要影响。一方面，人口老龄化提升劳动力稀缺性，导致劳动要素价格上升，由此形成企业寻求劳动替代，向依靠技术进步、提高资本效率方向转型的内在压力与动力，从而促进产业结构升级。另一方面，以老年人口为服务对象的相应产业几乎涵盖了第一、二、三产业，尤其以第三产业需求最旺，如养老服务、老年卫生保健、老年日常生活用品、老年金融、老年保险、老年房地产、老年文化娱乐、老年教育、老年咨询服务等，其中蕴含的产业市场总量不可估量，从而为老龄产业发展提供了重要机遇。

（3）增进资本区域流动性

人口老龄化导致资本劳动力比率提高，资本回报率相应降低，刺激资本向经济增长更快、资本回报率更高的地方转移，促进资本流动。当前国际资本流动主要表现为由人口老龄化程度高的发达国家，流向人口年龄结构相对较轻的发展中国家。预计人口老龄化引起的资本跨国流动将在未来几十年内逐渐增多，成为人口老龄化时代的一种显著特征。资本区域流动性增强，特别是国际资本流动性增强，将有助于激发经济活力，增加更多的经济发展机遇。

（二）人口老龄化对社会发展的影响

快速发展的人口老龄化，与社会结构深刻变动、利益格局深刻调整、思想观念深刻变化等相互交织，将会加剧我国社会转型和发展期间的各种矛盾，同时也会助推我国构建与人口老龄化相适应的新的社会治理体系。

1. 人口老龄化对社会发展的挑战

（1）弱化家庭养老功能

人口老龄化在加重家庭养老负担的同时改变家庭结构和规模，削弱家庭养老功能，加上孝道文化观念的弱化、家庭养老伦理基础动摇等因素，家庭养老风险正逐步增加。一方面，老年人家庭、独居家庭和空巢老年人家庭等高风险家庭快速增加，必然整体放大社会风险。另一方面，家庭小型化、少子化导致家庭代际结构调整、家庭养老人力资源基础日渐式微、传统家庭养老功能弱化，家庭养老负担显著增加，家庭代际矛盾加剧，家庭养老风险将逐步外化为社会风险。

（2）加重社会代际矛盾

代际关系协调和价值互补是保持社会稳定和推动社会发展的重要基础。人口老龄化背景下，老年抚养比的急剧上升和社会抚养结构的变化，将深刻改变公共资源的分配格局，较易诱发代际利益分配的矛盾与冲突。老年人与中青年人在思想观念、行为取向和生活方式等方面的差异，也可能诱发代际价值观和代际文化的冲突，以致削弱社会融合与发展的基础。

（3）增加社会治理难度

老年人的日常生活空间主要在社区，人口老龄化将推动社会治理体系重心向基层转移，同时增加社会治理难度。第一，伴随老年人居住安排日益独居化、空巢化，越来越多的老年人成为长期脱离单位、脱离家庭和子女的自由人群体。第二，由于老年人习惯性地被看作社会照顾对象而被隔离在社会主体之外，主动性和能动性得不到充分发挥，部分老年人思想消极、信仰迷失，有的甚至参加封建迷信活动和邪教活动。第三，伴随人口老龄化和城镇化快速发展，随子女迁移城镇的老年流动人口数量呈增加态势。第四，逐步壮大的老年群体已经转变为重要的社会利益群体，老年人对社会保障、社会服务、公共安全、权益维护、平等参与、文化娱乐等方面的诉求越来越强烈，社会利益诉求格局将发生深刻变化。因此，尊重和满足老年人的利益管理和服务好广大老年人正日益成为我国社会治理的重要任务，同时也是我国社会治理体系的薄弱环节。

2. 人口老龄化对社会发展的促进

（1）推动社会主体结构转型

社会主体是指处于一定社会关系中从事实践活动的人及其群体。社会主体的群体构成包括少儿人口、成年人口、老年人口。在前老龄社会，社会发展主体结构以年轻人口和成年人口为主，老年人口数量少、比例低并已退出主流生产领域，因此，通常处于边缘群体的位置。伴随人口老龄化，少儿人口和成年人口的数量和比例明显下降，老年人口规模持续扩大，在总人口中比例不断攀升，权利意识、参与意识和能动性不断增强，成为社会发展的重要群体，进而推动社会发展的主体结构从年轻型向老年型转变。

（2）加速家庭结构转型

家庭是社会的基础，家庭结构是家庭功能得以维系和发挥的基本条件。在经济社会发展和人口老龄化的影响下，特别是老年人自身条件的改善和自立自主意识的增强，家庭小型化、少子化，老年人家庭户比重提升，老年人家庭独居化、空巢化，将成为家庭形态变化的重要特征。

（3）加速代际关系结构转型

代际关系和谐是社会和谐的重要体现。代际关系和谐的核心是建立合理的代际间利益分配制度以及平等的家庭代际和社会代际关系。在传统社会，基于财产和经验上的优势以及"孝文化"的维系，老年人处于主导地位，形成以老年人为强势的传统代际关系格局。工业革命以后，随着科学技术的快速发展，年轻人和成年人日益崛起，老年人的优势逐渐丧失，并退出主流生产领域。在新的老年观没有建立的情况下，代际关系呈现出老年人弱势、年轻人和成年人强势的现代格局。随着人口老龄化深入发展，老年人社会地位不断提高，老年人利益诉求日益凸显，与年轻人和成年人的利益矛盾逐渐加剧，客观要求打破传统和现代社会不平等的代际关系格局，建立平等、和谐、互补的新型代际关系，实现代际协调发展。

（4）加速社会治理结构转型

人口老龄化和经济社会发展提升了老年群体的社会地位和社会作用，给社会治理对象格局和社会治理创新带来一系列挑战。一方面，现行社会治理结构是成年型社会的产物，随着人口老龄化的快速发展，老年群体在社会群体中三居其一，由社会治理对象构成中的次群体上升为主群体，客观上要求社会治理从当前的"成年型"向"老年型"进行适应性转变。另一方面，老年群体权利意识的增强和参与能力的提升，使老年群体兼具社会治理客体和社会治理主体双重身份，改变了老年群体仅是社会治理客体的传统社会治理结构，客观上推动了社会治理理念、治理体系重心、治理内容和治理体制机制的创新，对未来我国社会发展和政治体制改革具有重要推动作用。

（三）人口老龄化对文化教育的影响

在文化教育领域，人既是发展主体，也是消费主体。人口老龄化带来的人口结构转变直接对文化教育事业的发展理念、消费结构、供给方式等方面产生影响。人口老龄化对文化教育发展带来的最大机遇就是因主体结构变化带来的广阔发展空间。

1. 对文化事业的影响

老年人口增加、老年人文化教育需求的提升、老年人社会参与意识和能动性的增强，推动老年文化成为社会主义文化建设的重要组成部分，但同时也会冲击传统孝道文化，推动公共文化服务体系转变，促进文化产业转型。

（1）冲击传统孝道文化

"养儿防老""子女尽孝"是我国传统观念，但人口老龄化背景下的传统孝道文化正面临严峻挑战。一方面，与人口老龄化伴生的大家庭解体和居住方式的改变在一定程度上削弱了孝文化所依赖的载体；另一方面，快节奏、高压力的现代生活导致代际赡养负担加重、尽孝有心无力、"赡养倒挂"等现象普遍存在。传统孝道文化作为社会伦理道德规范和家庭养老基础的功能正逐渐弱化。

（2）推动公共文化服务体系转变

人口老龄化带来了公共文化服务消费主体构成的变化，对公共文化服务的内容、产品、设施、活动和队伍建设产生全面影响。老年人日益增长的文化需求同供给不平衡不充分之间的矛盾，将成为我国公共文化服务体系建设面临的新矛盾。公共文化服务体系的结构和功能都需要对此做出适应性调整。调整的内容主要包括公共文化服务内容的适应性优化、基层公共文化设施的战略性整合、专兼结合的复合型基层公共文化服务队伍建设、公共文化体育设施服务品质的提升等。

（3）促进文化产业转型

人口老龄化背景下老年人口的文化消费意识和消费购买力，将是影响我国文化产业繁荣发展的重要因素。随着文化市场主要消费人群的青年人数量的减少，如果不能适时提升日益增多的老年人的文化消费意识和消费购买力，则必然会降低全人口的文化消费购买力，不利于文化消费市场的发展。开发高端老年文化用品是未来开发老年用品市场一个重要增长点，也是大力发展文化产业的重要选择。未来老年人口受教育程度将越来越高，老年用品的设计和老年服务的提供以及老年房地产的供给，需要充分考虑老年人的文化品位。

2. 对教育事业的影响

人口老龄化对教育的影响是全方位的。人口老龄化推动教育改革发展，对教育结构、教育发展重心、教育质量和教育内容产生重大影响，深层次的影响就是对教育体制，特别是办学体制的影响。

（1）对教育结构的影响

随着人口老龄化程度不断加深，现行教育体系将面临结构性调整。从以学历教育和职业教育为主的格局向学历教育、职业教育和老年教育并驾齐驱的格局发展。

（2）对教育重心的影响

除了对新增人口加强素质教育和创新教育之外，教育事业的重心将是职业技术教育、职业继续教育，特别是针对大龄劳动力和从农村转移出来的劳动力的职业培训。

（3）对教育质量的影响

人口老龄化对教育质量的影响，表现在社会对高质量人才的需求与教育不能满足这种需求的矛盾上。这种矛盾，要求提高劳动年龄人口的综合素质，全面提高资源利用效率、全员劳动生产率和劳动者的创新能力，形成新的国家竞争力，从而满足我国老龄社会高人口抚养比的需要。

（4）对教育内容的影响

应对人口老龄化实践，对教育内容提出新的要求。在改革课程体系和改革课程设置的基础上，调整优化教学内容，使人口老龄化基本国情教育和老年期生活知识性教育系统化，使受教育者成为符合国家应对人口老龄化需要的人才。

（四）人口老龄化对养老保障的影响

我国在家庭养老保障功能逐步弱化、养老保险制度尚不健全的背景下进入老龄社会。经过多年快速发展，现已初步建立起覆盖全体老年人的社会养老保障体系。随着人口老龄化的快速发展，养老保障需求压力越来越大，日益增长的养老保障需求与供给能力不足的矛盾将长期存在，势必推动和加速养老保障制度的深刻变革。

1. 养老保障需求压力攀升

如果不考虑其他因素如覆盖面扩大和养老金替代率下降等的冲抵作用，则我国城镇基本养老保险的缴费率必须一直保持上升趋势；否则，该制度的财务可持续性将出现问题。但事实上，我国养老保险缴费率基本没有上调空间。

2. 补充性养老保险发展滞后

企业年金和职业年金发展迟缓。企业基本养老保险缴费负担过重，降低了企业提供企业年金等补充性养老保险计划的供款能力和积极性，企业年金等补充性养老保险市场迟迟得不到发展。目前，机关事业单位职业年金制度正在试点建立。总体来看，企业年金、职业年金并没有发挥其应有的对养老的重要支柱作用。

商业养老保险发展不充分。受个人支付意愿、个人支付能力、税收政策环境等因素的限制，目前以个人年金为代表的商业养老保险的规模还很小，市场组织在提供商业养老保险方面尚未充分发挥作用。此外，社会互助养老保障和养老慈善事业刚刚起步，难以发挥其应有的补充性作用。

3. 养老保险基金收支失衡

支撑一个现收现付制的养老保险体系需要相对年轻的人口结构，但人口年龄结构的转变使我国逐渐丧失这一条件。人口老龄化使得我国老年抚养比不断上升，领取待遇人口不断增加，而缴费人口不断减少。这将对现收现付制的基本养老保险基金的收支平衡产生直接影响,加剧其可持续发展的压力。

4.家庭养老保障储备不足

目前,我国家庭依然发挥着对老年人经济供养的部分功能。伴随人口老龄化,我国家庭规模趋于小型化和核心化,老年人家庭日益空巢化和独居化,家庭结构的这一变迁导致我国家庭养老功能逐渐弱化。同时,生产生活方式的改变进一步削弱了家庭养老功能。一方面,随着社会竞争加剧,工作和生活节奏加快,一些子女迫于岗位的竞争因素,忙于工作和事业,无暇顾及老人;另一方面,独生子女家庭或少子女家庭普遍存在"代际倾斜"现象,即青年夫妇更重视子女的教育和成长问题,有限的时间、精力和财力都向子女倾斜,产生"重幼轻老现象"。此外,中西部地区人口向东部地区迁移、农村人口向城镇迁移,这种人口流动态势使得中西部地区和农村家庭的养老功能更加弱化。在此背景下,家庭养老保障需求加速外移,给社会保障制度建设带来的压力不断增加。

(五)人口老龄化对医疗卫生事业的影响

人口的快速老龄化以及与之相伴随的疾病谱的转变,导致我国医疗卫生服务需求急剧增长,这将会对我国医疗卫生事业造成持续冲击,同时也会推动"健康老龄化"战略的实施、"重治轻防"理念的转变,以及相关医疗保障制度的发展与变革。

1.健康保障需求大幅度提升

人口老龄化大幅提升了健康保障需求。随着人口老年期的延长,特别是随着高龄期的延长,因疾病、伤残、衰老而失去生活能力的老年人将显著增加。然而,我国医疗卫生服务体系"重医疗,轻预防"的局面尚未得到根本转变,疾病预防资源不足,难以发挥其在减少疾病发生率、减轻疾病经济负担中的基础性作用。此外,老年医疗卫生服务体系仍未建立健全,老年病医院和老年康复、护理、临终关怀机构严重不足。

2. 老年人疾病经济负担增加

未来我国老年人疾病就医费用将快速增加。预测表明，不考虑住院率的变化，2010年我国老年人门诊和住院的就医费用为5565亿元，预计2050年将达到130987亿元，增加23倍；考虑住院率变化，2010年门诊和住院医药费用为5786亿元，预计2050年将达到155283亿元，增加26倍；60岁以上老年人的疾病经济负担也将显著增加，2011年，我国60岁以上老年人口总的疾病经济负担为8935亿元，预计到2050年将达到247638亿元，增加27倍。

3. 医疗卫生服务体系压力加大

面对人口老龄化背景下老年人口医疗卫生服务利用快速增加的现实要求，我国既要依托现有的医疗卫生服务体系，加强或扩展老年人医疗卫生服务的功能，又要针对老年人特殊的、集中的需求，适当建设一些专业性的、独立性的老年医疗保健机构，医疗卫生服务体系结构调整的任务艰巨。

4. 医疗保险基金收不抵支

随着人口老龄化的加速，基本医疗保险制度的缴费人群将缩小，享受保险待遇的人群将相对扩大，以现收现付制为筹资模式的基本医疗保险制度将面临保险基金收不抵支的风险，医疗保险制度面临的财务可持续性压力增大。由于我国地区间经济发展不平衡，经济状况差的地区筹集医疗保险基金的能力较低。统筹层次过低对加快推进基本医疗保险异地就医结算工作造成了挑战。

（六）人口老龄化对养老服务的影响

1. 长期照护保障制度存在制度性缺失

当前，我国已经建立了养老保障和医疗保障制度，为防范老年人的贫困和疾病风险提供了基本制度支撑；然而，作为老年人失能风险防范的基本制度安排，长期照护保障制度的发展却极为滞后，从而造成庞大老年群体的潜在服务需求无法转化为现实有效的服务需求。这不仅使日益增长的失能老年人的照护需求无法得到满足，而且也使养老服务体系建设缺乏内生性动力，这是我国养老服务体系建设过程中的瓶颈。

2. 养老服务供给总量不足、结构失衡

现有养老服务机构属于日常供养型的居多，绝大多数不具备医疗护理功能，失能老年人最需要的养护型和医护型养老机构严重不足。养老服务管理体制机制不完善。养老服务发展缺乏顶层设计，缺少统一规划，政府各部门职能交叉，权责不清，缺乏合力。养老服务事业和产业的关系没有理顺，政府责任边界不够清晰，导致一些公益性养老服务机构出现功能错位和保障重点错位等现象。养老服务领域的民间中介组织发育不足，行业组织发展缓慢，行业自律作用得不到充分发挥。民间资本投入养老服务业存在各种壁垒，市场在养老服务发展中的基础作用未能得到充分发挥。此外，养老服务行业监管制度不健全，相关管理法律法规不健全，公办和非营利性养老服务机构的管理体制机制亟须改革完善。

3. 养老服务运作机制尚未真正形成

发达国家的相关经验表明，运转高效的养老服务体系必须建立被保险人（如失能老年人）、保险人（社会保险机构或商业保险公司）和养老服务机构之间的互动机制。要通过立法明确三者之间的关系：一是用保险合同在法律上明确被保险人和保险人的关系；二是用服务合同在法律上明确保险人和服务机构的关系；三是用服务合同在法律上明确被保险人和服务机构的关系。从现实来看，我国养老服务体系建设刚刚起步，长期照护的社会保险制度尚未建立，绝大多数失能老年人未被照护保险覆盖，难以成为养老服务的有效需求方；养老服务机构普遍存在运营困难、难以提供规范化与专业化服务的问题。总体来看，由于保险人、被保险人和养老服务机构三大主体之间的良性互动缺乏依托，健全的养老服务运作机制尚未形成。

4. 养老服务人力资源结构性短缺的矛盾日益突出

许多养老服务机构招收护工难,同时很多护工所做的工作仅限于简单的日常生活照料,难以满足老年人其他方面的专业性服务需求。长远来看,随着劳动力老龄化的加剧,我国养老服务人力资源将逐步走向短缺。妇女是提供养老服务的主力,由于种种原因,我国女性老龄化快于男性,21世纪中期将形成全国平均2个女性劳动力对应3个老年人的局面。总之,无论是家庭还是社会,都将长期面临养老服务人力资源短缺的矛盾。

三、应对人口老龄化的战略环境

人口老龄化是21世纪很多国家都将面临的问题,从全球范围来看,中国人口老龄化具有特殊性,面临的挑战压力较大,但总体而言,机遇大于挑战。

(一)人口老龄化带来的主要机遇

1. 提高人力资源质量的机遇

与人口老龄化相对应的是,人口快速增长态势基本得到遏制,人口数量与资源环境之间的紧张关系趋向缓和;平均预期寿命的延长带来了人力资本折旧率的降低,有利于发掘人力资本存量;少子老龄化使妇女从家务活动和子女养育中解脱出来,有利于提高妇女的劳动参与率;低龄健康老年人的大量增加,成为中国社会主义现代化建设中极为丰富和宝贵的人力资源,有利于形成第二次人口红利。

2. 转变经济发展方式的机遇

如何依靠消费拉动经济增长成为我国经济增长方式转变的基本战略导向。人口老龄化导致消费率的上升,有利于改变我国投资消费结构不合理的现状,也倒逼我国经济增长方式由主要依靠投资和出口拉动向主要依靠内需拉动转变。农村人口老龄化和人口城镇化导致农业劳动力绝对数量的减少，客观上有利于土地流转和农业适度规模化经营，建立现代农业生产方式，打破此前土地耕作的规模不经济，整体提高农业劳动生产率。

3. 促进产业结构升级的机遇

我国人口老龄化将伴随劳动力绝对数量的减少和劳动力结构老龄化的加剧，从而导致我国劳动力稀缺性提高，劳动力成本抬升。这促使企业寻求资本和技术对劳动力的替代，客观上有利于我国产业结构由劳动密集型产业为主向技术、资本、信息密集型产业为主转型，促进我国产业结构的合理化、高度化。发展老龄产业，是促进我国产业结构调整的重要举措。老年人口消费需求快速增加则为我国老龄产业的发展提供了广阔的市场空间，成为推动我国老龄产业快速发展的决定性力量。

4. 推动资本市场改革的机遇

伴随我国多层次、多支柱养老保险体系的健全，养老保险基金将不断发展壮大。其资本运作可以为资本市场带来长期稳定的资金来源，并推动资本市场的改革和发展。未来老年人口数的快速增加，必然伴随老年人口所拥有房屋资产数量的快速增长。这将为促进住房反向抵押市场的发展奠定坚实基础。人口老龄化增加了对商业保险产品的需求，有利于促进商业养老保险、健康保险、护理保险等保险业务和相应机构的发展。此外，人口老龄化导致金融资产结构的变化，将促进储蓄管理机构化、机构投资证券化，有利于证券市场的发展。

5. 全面推进社会建设的机遇

老年群体成为社会主导性群体和利益性群体以后，将按照自身需求影响社会发展，成为推进中国社会建设的重要因素。老年人的生存问题将推进我国养老保障、医疗保障和相关服务体系的完善；老年人对生活环境的安全性、便利性和舒适性的需求，客观上将推进宜居环境建设进程；老年人的权利和安全需求将推进我国法律体系的完善以及政府对社会安全建设的高度重视；尊重老年人的话语权，满足老年人的合理利益诉求，将成为调整社会公共政策、创新社会表达机制、完善社会治理的重要推动力量。

6. 繁荣文化事业发展的机遇

老年人作为文化消费主体，其所形成的文化消费需求将成为文化事业和产业发展的直接推动力。老年人作为文化生产和群众性文化活动的主体，其数量的增加，有利于文化生产供给的增加和群众性文化活动的广泛开展。人口老龄化进程本身以及社会应对人口老龄化的实践，为文化发展开辟了新领域，成为文化发展新视角、新动能和新实践的源泉。此外，人口老龄化也成为我国老年教育、文化、体育事业繁荣发展的直接推动力量。

7. 稳步推进政治建设的机遇

今后几十年的老年人，大多数是社会主义革命和建设时期成长起来的一批人。他们深受社会主义、集体主义教育，对党的领导和社会主义制度具有深厚的感情，是革命、建设和改革开放事业的贡献者、支持者和坚定拥护者。通过加强和创新老年群体社会治理，可以使老年人成为维护社会和谐稳定的积极力量，从而夯实党的执政基础，客观上有利于我国政治建设稳步推进，保持政局稳定。

（二）应对人口老龄化的优势因素

1. 独特政治优势

我国是社会主义国家，具有统一意志、集中力量、齐心协力应对重大问题的政治优势和经验。党中央、国务院历来十分重视老年人民生和老龄工作，老龄事业被纳入"五位一体"总体布局和"四个全面"战略布局统筹部署。从1994年至今，我国连续编制实施了5个老龄事业发展五年规划。仅"十三五"期间，国家层面出台的涉老规划就有68部，地方各级人民政府配套规划381部。党的十八大以来，习近平总书记在多种会议、调研、考察、出访等场合对加强老龄工作、积极应对我国人口老龄化作出重要指示，提出许多新理念新思想新战略，尤其对新时代老龄工作的宗旨、价值理念、战略方向以及工作原则、思路、重点等作出明确要求，构成新时代中国特色社会主义思想的重要组成部分，为新时代我国老龄事业的发展提供了根本遵循。

2. 经济基础优势

我国经济总量已经位居全球第二位，基本形成了较为完备的国民经济产业体系，为从经济层面应对人口老龄化提供了进行产业结构与经济结构调整的较大空间。在未来十几年内我国保持较高国民储蓄率的基本格局不会有根本性的改变，这为应对人口老龄化赢得了一定的资本积累基础。1999年我国进入老龄社会时，人均GDP为873.29美元，在世界排第117位，属于比较典型的"未富先老"国家。此后，我国人口老龄化以略快于世界平均速度发展，中国人均GDP则以数倍于世界平均水平的增长率提高。我国"未富先老"的国情正在发生变化。

3. 文化传统优势

我国历史悠久，文化底蕴深厚，具有几千年的优良文化传统。养老孝老敬老的孝道文化，崇尚和谐、重视家庭伦理亲情、注重自我修为，这些文化传统因素都为引导和动员个体、家庭和社会等积极应对人口老龄化奠定了良好的思想观念基础。

4. 资源配置优势

随着我国社会主义市场经济体制的建立与不断完善，通过市场机制实现配置资源的效率将不断提高，国家宏观经济调控能力以及进行资源动员与配置的能力将进一步增强，综合国力将不断上升，市场经济国家地位将得到国际社会更多的承认，在世界范围配置资源的能力不断增强。这一切都为我国统筹配置国内外资源、分散人口老龄化风险提供了有利条件。

5. 劳动力总量优势

伴随着人口老龄化，我国劳动年龄人口总量在2012年前后开始下降，但在2020年之前下降的速度并不快。预计到2020年中国

15—59岁的人口总量为9.13亿,比峰值时的9.4亿仅减少约2700万人。总体上看,我国劳动力总量在2020年之前仍是充足的,人口老龄化对劳动力供给的影响有限。

6. 区域差异化优势

我国幅员辽阔,城乡和地区间人口老龄化进程和经济发展水平差异显著,这为在国家层面将人口发展机会和经济增长机会相结合创造了有利条件。譬如,可以利用各地老龄化程度的差异,引导人口跨区域合理迁移和流动,采取相应的错位发展策略,延长各地区人口机会窗口的开启时期,最大限度地收获人口红利。

7. 老龄后发优势

我国作为发展中国家,人口老龄化起步晚,应对人口老龄化的一些制度安排可以充分汲取发达国家在这方面的经验和教训,以减少自身面临的不确定性风险。在发展路径的选择、关键制度的建设方面,充分考虑人口老龄化的影响,避免二次改革的被动局面。同时,互联网、物联网、大数据、人工智能等信息技术的飞速发展也为我国积极开展应对人口老龄化行动带来了一定的后发优势。

(三)应对人口老龄化面临的挑战

我国仍处于并将长期处于社会主义初级阶段,这一基本国情决定了我国在应对人口老龄化方面还存在着不容忽视的劣势。

1. 社会共识尚未形成

全社会尚未在人口老龄化问题严峻性、重要性和紧迫性方面达成共识,对人口老龄化问题的理论认识流于表面,甚至存在许多认识偏差。特别是对于人口老龄化给我国宏观经济、社会、政治、文化、生态环境建设所产生的全局性、基础性、长远性、战略性影响尚未引起足够的重视。及时科学综合应对人口老龄化的社会共识尚未形成。

2. 经济发展水平较低

我国的人均GDP水平仍然很低,属于中等收入国家。尚未完全实现工业化,城乡发展、区域发展及产业结构发展不均衡。2018 年 4 月,国际货币基金组织公布的《世界经济展望》显示,在 2017 年全球人均 GDP 排名(当前价格)中,中国大陆排名为第 71 位,人均 GDP 为 8643 美元,低于全球平均数 10728 美元。总体来看,人均 GDP 水平及经济结构方面,同发达国家相比尚有较大差距,应对人口老龄化的经济实力还不够强。

3. 社会发展基础薄弱

综合反映我国社会发展水平的人类发展指数(HDI)仍然远远落后于发达国家,也落后于许多发展中国家。联合国开发计划署(UNDP,United Nations Development Programme)2017 年 3 月公布的《人类发展报告 2016》显示,2015 年中国大陆人类发展指数为 0.738,在世界排名中位于第 90 位。收入分配、教育、医疗、住房、税收、社会保障等民生领域的制度改革步履维艰,农村社会保障制度、养老服务体系相对滞后,我国应对人口老龄化的社会发展基础还比较薄弱。

> **专栏** 　　　　　　　　人类发展指数(HDI)
>
> 　　评估人类发展三大基本维度(即健康长寿的生活、知识以及体面的生活水平)所取得平均成就的综合指数。HDI 的计算方法详见 http://hdr.undp.org/sites/default/files/hdr2016_technical_notes.pdf

4. 自主创新能力较弱

目前我国的总体教育水平、劳动力素质及核心竞争力同发达国家相比仍有很大差距。教育优先发展的战略地位尚未得到完全落实,实现从人口资源大国向人力资源强国的转变依然任重道远。关键技术自给率低,科学研究质量不够高,科技投入不足,科技创新体制机制还存在不少弊端,自主创新能力还不强。这些因素都使我国依靠科学技术进步应对人口老龄化还面临诸多困难。

5. 国际竞争环境严峻

在当前国际竞争格局中,我国既受到发达国家的压制,又受到一些发展中国家的追赶,应对人口老龄化的国际环境不容乐观。一方面,在经济全球化大格局中,不论在实体经济方面还是资本经济方面,与发达国家相比,我国均处于国际分工的中低端位置。发达国家常以绿色壁垒、技术壁垒以及汇率等多种方式实行新的贸易保护主义,不利于中国崛起。另一方面,我国原有的比较优势正不断丧失,一些发展中国家正凭借人口年龄结构较年轻、劳动力资源丰富的优势争夺资源,形成与我国直接竞争的态势。

第四章
应对人口老龄化的实践

党中央、国务院历来高度重视老龄工作。尤其是党的十八大以来，我国积极开展应对人口老龄化行动，着力保障和改善老年群体民生，切实提升老年人的获得感和幸福感，老龄事业发展取得了显著的成就、积累了丰富的经验。

一、应对人口老龄化主要成就

（一）党中央国务院高度重视老龄事业发展

老龄事业在党和国家事业发展全局中的地位更加凸显。党的十八大以来，历次中央全会都对应对人口老龄化、大力发展老龄事业和产业、加快建设社会养老保障和服务体系等提出明确要求。

2015年10月，习近平总书记、李克强总理对加强老龄工作作出重要指示批示。2016年5月27日，中共中央政治局就我国人口老龄化形势与对策举行第三十二次集体学习，这在我们党的历史上尚属首次。习近平总书记主持中央深改组会议审议全面放开养老服务市场、老年人照顾服务等政策文件，主持中央财经领导小组会议将提高养老院服务质量列入专题研究。李克强总理在每年政府工作报告和相关专题会议中对老龄事业重点领域改革发展进行强调和部署。

国民经济和社会发展"十三五"规划纲要设专章对"积极应对人

口老龄化"进行部署。全国人大组织开展了老年人权益保障法执法检查，听取和审议了国务院关于研究处理老年人权益保障法执法检查报告。全国政协将老龄问题纳入双周协商座谈会主题，并多次就老龄事业发展的热点难点问题进行调研。近五年来，全国人大、政协涉老建议和提案数量逐年递增。

（二）我国老龄事业顶层设计更加科学

1. 老龄法律法规体系基本建成

以《中华人民共和国老年人权益保障法》（现行版本是2015年修正版）为主体的老龄法律法规体系基本建成。全国已有21个省份完成了配套法规的修订，9个省份制定了养老服务条例。《中华人民共和国民法总则》对包括老年人在内的成年人监护作出规定。民政、人社、卫健委等国务院有关部门加快了老龄领域部门规章的制定。

2. 老龄事业发展规划持续实施

我国已经持续编制和实施了6个老龄事业发展规划。规划包括《中国老龄工作七年发展纲要（1994—2000年）》《中国老龄事业发展"十五"计划纲要（2001—2005年）》《中国老龄事业发展"十一五"规划》《中国老龄事业发展"十二五"规划》《"十三五"国家老龄事业发展和养老体系建设规划》和《国家积极应对人口老龄化中长期规划》。

国务院印发的"十三五"国家重点专项规划、国务院办公厅印发的多部专项规划和国家有关部门印发的各自领域"十三五"规划均将有关老龄工作的内容纳入其中。有关部门分别制订了《老年教育发展规划（2016—2020年）》《"十三五"健康老龄化规划》等专项规划和《智慧健康养老产业发展行动计划（2017—2020年）》等。国家层面出台的专项规划对老龄事业发展作出专门部署的有22部。"十三五"时期老龄事业发展的蓝图已经绘就。

3. 老龄政策体系不断健全完善

党中央国务院统筹完善生育、就业、退休、养老等政策,作出全面实施一对夫妇可生育两个孩子政策、加快发展企业年金和职业年金、研究渐进式延迟退休方案等重大决策。国务院及其有关部门就整合城乡居民基本养老和医疗保险制度、发展商业养老保险、做好低保制度和扶贫开发政策衔接,以及加快发展养老服务业、促进健康服务业发展、加快发展康复辅具产业、加强老年宜居环境建设、开展长期护理保险制度政策性试点等密集出台政策。党中央、国务院及有关部委出台300多个涉老规范性文件。

总之,以宪法为核心,以老年人权益保障法为主体,包括有关法律、行政法规、地方性法规、规章和有关政策在内的老龄法律法规政策体系基本形成并逐步完善,为发展老龄事业、维护老年人权益提供了制度保障。

(三)老年社会保障体系日臻完善

1. 养老保障体系更加健全

研究形成了完善基本养老保险制度总体方案。全民参保计划加快实施。

截至2019年底,基本养老保险参保人数达到约9.67亿人,比上年末增加650万人;全国参加城镇职工基本养老保险人数为43482万人,比上年末增加1581万人。企业退休人员基本养老金连年递增,月人均养老金从2012年的1686元提高到2016年的2362元,年均增长8.8%。

整合新型农村社会养老保险和城镇居民社会养老保险制度,建立了统一的城乡居民基本养老保险制度。截至2018年底,约5.23亿人参加城乡居民基本养老保险,实际领取待遇的有1.59亿人。城乡居民基本养老保险基础养老金最低标准从每人每月55元提高至88元。

机关事业单位养老保险改革正式实施,实现了与城镇职工基本养老保险制度并轨。自2016年开始，全国同步安排、统一调整企业和机关事业单位退休人员基本养老金，截至2019年，已有1.8亿多退休人员受益。

机关事业单位职业年金制度建立。企业年金制度逐步推广。个人税收递延型商业养老保险试点相继启动。

2. 医疗保障水平显著提升

老年人成为全民医保的主要受益群体。截至2019年底，基本医疗保险参保人数达到约13.5亿，比上年末增加978万人。城乡居民基本医疗保险制度整合取得积极进展。医保支付方式改革继续深化，有效促进了医疗机构主动规范医疗服务行为，控制了医疗费用上涨，老年人的医疗费用负担明显减轻。符合规定的省内异地就医住院费用可直接结算，异地安置退休人员就医住院费用直接结算即将实现。疾病应急救助制度建立，家庭医生签约服务制度逐步推广。城乡居民大病保险制度实现全覆盖，重特大疾病医疗救助制度全面建立。医保参保人员待遇大幅提升。

截至2015年底，城镇职工医疗保险和城镇居民医疗保险政策范围内住院医疗费用待遇水平平均达到80%以上和70%左右。新农合政策范围内报销比例达到75%左右。2017年全国大病患者实际报销比例在基本医保基础上平均提升了13.99%。

主要针对老年人与医疗相关的保险制度建设取得积极进展。长期护理保险制度在15个城市试点。截至2019年底，参保人数超过8854万，当年受益42.6万余人，基金支付比例达到70%以上，人均支付7600多元，制度保障功效初步显现。商业健康保险产品日益丰富，参加人数不断增多。已有100多家保险公司开展商业健康保险业务，截至2016年7月20日，我国保险公司在售健康保险产品共计3995款，涵盖疾病险、医疗险、护理险和失能收入损失险四大类，其中医疗保险产品数量最多，占比53%。老年人意外伤害保险工作在全国范围内普遍开展。逐步建立起政府支持、社会捐助、个人自费投保相结合的老年人意外伤害保险制度。

3. 社会救助城乡统一覆盖

符合条件的贫困老年人全部纳入了低保救助。截至 2018 年底，全国有城市低保对象 1008.03 万人，农村低保对象 3519.7 万人，全国共有城乡低保对象 4527.7 万人。农村有 1597 万老年人享受低保，超过农村低保总人数的 40.5%。全国平均城市低保标准达到 563 元 / 人·月，较上年同期增长 7.5%，农村低保平均标准达到 4583 元 / 人·年，较上年同期增长 13.3%。建立了城乡统一的特困人员救助供养制度，将农村"五保"老人和城市"三无"老人全部纳入供养范围。截至 2018 年底，全国农村共有 484.3 万老年人享受特困人员救助供养。

4. 社会福利水平稳步提高

（1）老年福利制度

截至 2019 年底，全国所有省份均建立了 80 周岁以上高龄老年人津贴制度，享受高龄补贴的老年人达 2682.2 万人。30 个省份建立了生活困难老年人养老服务补贴制度，享受服务补贴的老年人 354.4 万人。29 个省份建立了失能老年人护理补贴，享受护理补贴的老年人 61.3 万人。农村部分计划生育家庭奖励扶助制度、计划生育特殊家庭老年人扶助关怀制度逐步完善。

（2）老年人社会优待政策

2017 年 6 月 6 日，国务院办公厅印发的《关于制定和实施老年人照顾服务项目的意见》（国办发〔2017〕52 号）以满足老年人迫切需求为导向，以增进老年福祉为目标，明确了 20 项老年人照顾服务重点任务，涵盖了老年人医、食、住、行、娱等各方面。

全国 31 个省份都出台了优待老年人政策。多地政策实现"同城同待遇"。全国所有省会城市、计划单列市和部分地市、县市均实行了对 65 岁以上老年人减免公共交通票价政策。第四次全国城乡老年人生活状况抽样调查结果显示，2015 年，65.8% 的老年人享受过多种优待，其中 20.8% 的老年人享受过公共交通票价减免，13.4% 的老年人享受过公园门票减免,10.1% 的老年人享受过旅游景点门票减免,9.1% 的老年人享受过普通门诊挂号费减免。

(四)多层次养老服务体系初步形成

1. 养老服务供给能力显著提升

各地各部门认真落实《国务院关于加快发展养老服务业的若干意见》(国发〔2013〕35 号),持续推进养老服务体系建设工程、健康与养老服务重大工程、以市场化方式发展养老服务试点、计划生育家庭养老照护试点等等。自 2016 年开始,中央财政连续 3 年支持开展居家和社区养老服务改革试点工作在全国 90 个地级市试点地区启动。中央财政累计安排预算内资金 157 亿元用于支持养老服务体系建设。老年养护院、社区日间照料中心和农村幸福院建设得到重点扶持。截至 2019 年底,全国养老服务机构近 3.4 万个,养老床位 761.4 万张。

2. 支持民间资本力度不断加大

为了尽快破除养老服务业发展瓶颈,激发市场活力和民间资本潜力,充分发挥市场在资源配置中的决定性作用和更好地发挥政府作用,逐步使社会力量成为发展养老服务业的主体,近几年,我国陆续发布系列鼓励民间资本参与机构养老服务的相关政策。一些主要政策包括:《民政部关于鼓励和引导民间资本进入养老服务领域的实施意见》(民发〔2012〕129 号)、《民政部关于鼓励民间资本参与养老服务业发展的实施意见》(民发〔2015〕33 号)、《商务部、民政部关于香港、澳门服务提供者在内地举办营利性养老机构和残疾人机构服务有关事项的通知》(商资函〔2013〕67 号)、《商务部、民政部关于鼓励外国投资者在华设立营利性养老机构从事养老服务的公告》(2014 年第 81 号)、《国务院办公厅关于全面放开养老服务市场提升养老服务质量的若干意见》(国办发〔2016〕91 号)、民政部等 13 部门《关于加快推进养老服务业放管服改革的通知》(民发〔2017〕25 号)等等。

各地各有关部门着力推动国务院关于全面放开养老服务市场政

策落地。公办养老机构的托底保障功能得到强化，重点转向为经济困难的孤寡、失智、失能、失独、高龄等老年人提供照料服务。以公建民营为重点的公办养老机构改革持续推进。加强了对民间资本设立养老机构的政策引导和服务指导，优化了养老机构许可流程，缩短审批时限。对民间资本进入养老服务业的金融支持力度不断加大。截至2017年底共核准发行养老产业专项债券27支，核准规模282.7亿元。政府和社会资本合作（PPP）模式在养老服务领域加快推广，PPP项目总量和投资额明显增多。国家发展改革委公布的首批1043个PPP项目中，涉及养老、健康养生类的项目共有46个，总投资近300亿元。民政部本级彩票公益金和地方各级政府用于社会福利事业的彩票公益金，坚持每年将50%以上的资金用于支持发展养老服务业，并随老年人口的增加逐步提高投入比例。其中，要求支持社会力量发展养老服务的资金不得低于30%。全国民办养老机构发展迅速，达到养老机构总数的40%，许多省份已经超过50%。

3. 养老服务质量监管切实加强

行业标准和市场规范是推进养老服务工作的重要基石，是更好地提供为老服务、加强行业管理的准则和依据。2014年1月26日，民政部等6个部门联合印发《关于加强养老服务标准化工作的指导意见》（民发〔2014〕17号）。

民政部制定了养老机构服务合同示范文本、社区老年人日间照料中心设施配置和服务标准以及老年社会工作服务指南。《养老机构服务质量基本规范》国家标准2017年12月29日发布并实施。这是我国养老机构服务质量管理首个国家标准，标志着全国养老机构服务质量迈入标准化管理的新时代。养老机构消防安全专项治理行动持续开展。2017年3月22日，民政部、公安部、国家卫生计生委、质检总局、国家标准委、全国老龄办六部门决定在全国开展养老院服务质量建设专项行动。重点行动内容包括9大项：开展全国养老院服务质量大检查、大整治活动，加快养老院服务质量标准化和认证建设，开展医疗卫生服务,加强养老院安全管理,提高养老院管理服务人员素质能力、建立全国养老院业务管理系统,开展养老院服务质量万里行活动、开展"敬老文明号"创建活动,加强养老院服务质量监督。为了加快完善养老服务标准化体系,更好发挥标准引领作用,2019年12月12日,民政部发布了《养老服务常用图形符号及标志》《养老机构顾客满意度测评》《养老机构预防压疮服务规范》三项行业标准(民政部公告第467号)规范和统一了养老机构日常管理过程中所使用的图形符号及标志,对顾客满意度测评提供指引和参考,预防养老机构服务对象发生压疮风险养老服务质量。

4. 智慧健康养老取得显著进展

广泛开展"互联网+养老"行动,推广社区养老综合信息平台建设。出台了《智慧健康养老产业发展行动计划(2017—2020)》,制定了智慧健康养老技术标准。2017年11月,工信部、民政部与国家卫计委共同公布2017年智慧健康养老应用试点示范名单,共有53家企业、82个街道及19个示范基地入选。无锡等物联网基地积极开展物联网等信息技术在健康养老产业中的应用。康复和护理机器人研发取得重要进展。老年人智慧穿戴设备不断推广。

5. 养老人才培养体系逐步完善

2014年6月10日,为解决现阶段我国养老服务业人才培养存在规模小、层次单一、质量参差不齐等问题,加快推进养老服务业人才培养,教育部等九部委联合出台了《关于加快推进养老服务业人才培养的意见》(教职成〔2014〕5号)。具体任务措施包括:加快推进养老服务相关专业教育体系建设,全面提高养老服务相关专业教育教学质量,大力加强养老服务从业人员继续教育,积极引导学生从事养老服务业。截至2017年底,全国已有160所高等职业学校开设老年服务与管理专业,招生1万多人;有134余所技工院校开设养老服务专业,在校生3万多人。各地普遍资助养老护理人员和养老机构管理人员参加技能培训,持证上岗的比例明显提升。

（五）老年人卫生健康服务加快发展

1. 老年人健康促进工作广泛开展

依托全民健康生活方式行动、中国健康知识传播激励计划、健康素养促进行动项目等，通过全国爱牙日、全国高血压日、联合国糖尿病日、世界卫生日等专题宣传活动，持续向老年人传播健康养生知识，推动了老年群体健康生活方式的养成和健康意识的提升。实施国家基本公共卫生服务项目，为65周岁及以上老年人每年进行1次免费体检、健康评估和指导。2015年接受免费体检老年人数达1.18亿人，健康管理率达到86%。老年人心血管病高危筛查干预、慢性病综合干预及抑郁症、阿尔茨海默症等的防控工作力度加大。全国建有265个国家级、460余个省级慢性病综合防控示范区，80.9%的县（区）启动了全民健康生活方式行动，有力推动了当地老年人慢性病防控和健康促进工作。建立了6个老年疾病国家临床医学研究中心，北京医院设置了国家老年医学中心，推进老年健康、老年病防控和诊治等技术攻关。

2. 老年医疗卫生服务体系逐步健全

医疗卫生服务机构积极为老年人提供便捷、优先、优惠的医疗卫生和保健服务。家庭医生签约服务制度将老年人作为重点对象。老年病科等相关专科纳入国家临床重点专科建设项目。专业康复护理机构不断增加。截至2015年，全国共建有康复医院453所，护理院168所，护理站65所，比"十一五"期末分别增加了69.0%、242.9%、16.1%；全国护理院和康复医院的床位数分别增长296.49%、97.03%；设立老年病专科的三级医院数增长了16.26%，有效提高了老年人医疗卫生服务的可及性。

3. 医养结合试点工作分批稳步推进

截至2019年，全国设立了90个国家级医养结合试点市，22个省份设立了省级试点单位。养老机构医疗卫生服务能力不断增强，

78.6%的养老机构通过内设医疗机构、与医疗机构签约合作等方式提供医疗护理服务,全国护理型床位占床位总数的46%。

截至2017年4月,全国开设老年病科的二级以上医院有3179家,占二级以上医院的40%左右;医养结合机构共有5570家,其中纳入医保定点的医养结合机构有2117家,占比为38.01%;医养结合机构床位总数为115.21万张,其中医疗床位25.63万张,养老床位89.58万张;开设老年人绿色通道的医疗机构有73825家,占比为7.68%;全国出台省级医养结合实施意见的有29个省(区、市);有21个省设立了省级试点单位,有17个省建立了跨部门协调工作机制;90个国家级医养结合试点市中出台贯彻意见的有78个。

(六)老年人精神文化生活日益丰富

1. 老年文化

2017年3月正式实施的《中华人民共和国公共文化服务保障法》明确规定,各级人民政府应根据老年人等群体的特点和需求,提供相应的公共文化服务。各级各类公共文化设施基本实现了免费向老年人开放,普遍设置了便于老年人参与的公共文化服务项目和标准。截至2017年底,全国各类老年活动室发展到35万个。面向老年人的公共文化产品大幅增加。文化部门组织开展了"中国老年人合唱节""老年文化艺术节"等示范性老年文化活动。通过举办"群星奖"引导文艺工作者创作了一大批反映老年人生活、由老年人表演的优秀老年题材文艺作品。依托公共数字文化惠民工程,生产出一大批适合老年人的数字文化产品,总量超过1600TB。向全国老年人推荐优秀出版物活动持续开展,在满足老年人阅读需求方面发挥了积极作用。

2. 老年教育

在老年教育方面,国务院颁布了首个老年教育发展专项规划——《老年教育发展规划(2016—2020年)》。规划明确到2020年以各种形式经常性参与教育活动的老年人占老年人口总数的比例达到20%

以上的目标,同时对扩大老年教育资源供给、拓展发展路径、加强支持服务、创新发展机制做出部署。高校第三年龄大学联盟、老年开放大学相继成立,各级各类院校发展老年教育的态势形成,文化部启动了全国文化系统老年大学规范化建设试点。截至2017年底,老年学校4.9万个、在校学习人员704.0万人,此外还有数百万老年人通过远程教育、社区教育等各种形式参与终身学习,初步形成了多部门推动、多形式办学的老年教育发展格局,为满足老年人终身学习和服务社会的需求做出了积极贡献。

3. 老年体育

国务院印发的《全民健身计划（2016—2020）》对老年体育工作提出明确要求。国家体育总局等12部门印发《关于进一步加强新形势下老年人体育工作的意见》（体群字〔2015〕155号），推动老年体育社会化、科学化、生活化。国家加强适合老年人的体育健身场所和设施建设，彩票公益金支持各地建设社区多功能体育场地，资助购买老年人专用的健身器材，太极拳、广场舞、健步走、门球等专项老年体育健身活动广泛开展，全国老年人体育健身大会连续举办，老年人科学健身指导不断加强，各级老年人体育协会等老年人体育组织网络日益健全。

4. 社会参与

截至2015年底，城乡基层老年协会已经发展到55.4万个，覆盖率达到81.9%，成为老年人社会参与的重要平台。"银龄行动"持续、深入开展。第四次中国城乡老年人生活状况抽样调查结果显示：2015年，45.6%的老年人经常参加各种公益活动。

（七）老年人宜居环境建设稳步推进

1. 老年人居住生活环境逐步改善

全国老龄办、住房城乡建设部等25个部门联合印发了《关于推进老年宜居环境建设的指导意见》（全国老龄办发〔2016〕73号）。涉老设施规划建设标准体系不断完善，老年人家庭无障碍设施改造得到扶持，老年友好城市、老年宜居社区建设在一些城市（区）试点。全国 650 多个城市和 1600 多个县城参与"创建全国无障碍建设市县"活动。各地将符合条件的农村老年人住房救助对象优先纳入当地农村危房改造计划，符合城镇住房救助条件的老年人优先配租公共租赁住房或发放低收入住房困难家庭租赁补助，切实保障了困难老年人的基本住房安全需求。

2. 尊老敬老的社会氛围更加浓厚

2018 年 1 月，全国老龄办等 14 个部门联合印发《关于开展人口老龄化国情教育的通知》（全国老龄办发〔2018〕6 号）。一些地方将人口老龄化国情教育纳入干部教育培训内容。各类媒体广泛开展人口老龄化国情教育、尊老敬老宣传报道。尊老敬老教育内容融入中小学相关课程标准，纳入了青年学生行为规范。青少年学生中广泛开展了形式多样的"敬老养老助老"主题教育活动。"敬老月""最美孝心少年""全国敬老爱老助老评选"等活动持续开展。2016 年全国敬老月活动期间，共走访慰问 2580 万老年人；发放慰问金和各类物品价值 38.62 亿元；组织开展各类为老服务 1357 万人次。

（八）老年人合法权益得到有效保障

1. 老年法制宣传深入开展

老年人权益保障相关法律法规的宣传列入"七五普法"重要内容。司法部门依托"法律六进"活动平台，利用重要时间节点，组织开展了面向老年人的法治宣传教育主题活动。公安民警深入城乡社区开展形式多样的治安防范、法律知识宣传，增强老年人的防范意识和能力。大众传媒积极开展老年人法治宣传，加强了老年人消费侵权领域的普法宣传教育。

> 专栏　　　　　"七五普法"
>
> "七五普法"是2016—2020年第七个五年法制宣传教育的简称。2016年4月17日，中共中央、国务院转发了《中央宣传部、司法部关于在公民中开展法治宣传教育的第七个五年规划（2016—2020年）》并发出通知，通知指出，全民普法和守法是依法治国的长期基础性工作。

2. 老年人维权服务更加便捷

司法部门组织引导广大律师、公证、基层法律服务机构及人员参与涉及老年人合法权益的诉讼、调解、仲裁和法律咨询等法律服务活动。对经济困难但不符合法律援助条件的老年人减免法律服务收费。各地在健全省市（地）县（区）三级法律援助中心和乡镇（街道）法律援助工作站的同时，在各级老龄办以及老年公寓等老年人较为集中的场所建立老年人法律援助工作站或联系点，方便老年人就近寻求法律帮助。截至2017年底，老年法律援助中心发展到2万个，老年维权协调组织达到6.4万个。为进一步加强老年法律维权工作，2016年12月，全国老龄办、最高人民法院、最高人民检察院、公安部、民政部、司法部共同印发《关于进一步加强老年法律维权工作的意见》（全国老龄办发〔2016〕102号）。

各地结合实际，进一步降低老年人法律援助门槛，把民生领域与老年人权益保护密切相关的事项纳入法律援助范围。着力解决医疗、保险、救助、赡养、婚姻、财产继承和监护等老年人最关心最直接最现实的法律问题，最大限度满足老年人法律援助服务需求。

3. 对涉老犯罪保持高压态势

将虐待老年人纳入治安处罚范围，狠抓侵害老年人命案侦破工作，严厉打击针对老年人实施的电信网络诈骗和非法集资等经济犯罪，打击整治侵害农村留守老年人的违法犯罪活动，老年人合法权益得到有效保障，2015 年的专项调查显示，有 92.6% 的老年人认为自己的合法权益得到了保障。

（九）老龄工作体制机制不断完善

1. 老龄工作机构

国家老龄工作机构设立至今 30 多年，先后经历了老龄问题世界大会中国委员会、中国老龄问题全国委员会、中国老龄协会、全国老龄工作委员会 4 个阶段。截至 2017 年底，全国共有老龄事业单位 1600 个，所有的省（区、市）、95% 的地（市）、86.8% 的县（市、区）都设立了老龄工作委员会及办公室。从中央到地方的老龄工作组织网络进一步健全。

2. 老龄科学研究

1984 年 8 月，全国首届老龄工作会议在北京召开，这是我国第一次召开全国性的会议研究老龄问题。1989 年 3 月，国家编委批准成立国家级多学科老龄问题综合研究机构——中国老龄科学研究中心。自 2000 年开始，全国老龄工作委员会先后组织开展了四次"中国城乡老年人生活状况抽样调查"。2009 年 10 月 25 日，国家应对人口老龄化战略研究正式启动，是我国老龄事业发展史上规模最大的一次战略研究。2013 年 6 月 27 日，由全国老龄办主管，中国老龄科学研究中心主办的《老龄科学研究》（刊号：CN10－1122/D）创刊，系我国老龄科学研究领域第一份国家级学术性刊物。

3. 国际交流合作

老龄领域双边、多边国际交流与合作不断扩大。中国政府积极主动和国际社会、联合国系统加强老龄领域的交流与合作，积极发挥作为人口大国在国际老龄领域的重要影响。与联合国有关组织、欧盟以及法国、瑞典、加拿大等国的政府和非政府组织在社会性别、老年扶贫以及老年教育等领域开展了项目合作。

二、应对人口老龄化实践经验

我国老龄事业继往开来,在继承中创新发展,形成了具有鲜明中国特色的老龄问题治理经验。中国老龄事业发展经验弥足珍贵,为世界老龄问题治理贡献了中国方案。

(一)践行以人民为中心的发展思想

以人民为中心、增进民生福祉,是我国老龄事业发展的根本目的。发展老龄事业,必须顺应广大老年人过上更加幸福美好生活的新期待,不断在"老有所养、老有所医、老有所为、老有所学、老有所乐"上取得新进步,让每一位老年人都能生活得安心、静心、舒心,都能健康长寿、安享幸福晚年。实践证明,只有把不断增强广大老年人的获得感、幸福感、安全感作为奋斗目标,努力在改善民生上想对策、出实招、见成效,才能找准老龄事业发展的正确方向;只有随时倾听人民呼声,认真回应人民期待,真心为老年人办实事、做好事、解难事,才能找准老龄政策措施的切入点、着力点和落脚点;只有充分尊重广大老年人平等参与社会发展的主体地位,充分调动包括老年人在内的广大人民群众的积极性、主动性、创造性,才能让老龄事业发展的力量源泉充分涌流,使老龄事业在为人民造福的轨道上不断前进。

(二)坚持老龄事业发展的基本方针

加强和完善党对老龄工作的领导是我国老龄事业发展的最大优势和根本保障。只有充分发挥党在老龄事业发展中总揽全局、协调各方的领导核心作用,才能确保老龄事业发展的正确方向,才能凝聚共识、攻坚克难,不断推动老龄工作取得新突破。实践证明,发展老龄事业必须清晰界定政府、市场、社会组织、家庭的责任边界,找准各自定位,发挥各自优势。既要切实履行政府在老龄事业中政策制定、规划引领、资金投入、信息提供、依法监管、环境营造等应尽职责；更要充分发挥市场在资源配置中的决定性作用，调动好、保护好各类市场主体的参与积极性，不断满足老年人对产品和服务的多层次、多样化的需求；也要发挥社会组织的重要补充作用，鼓励引导各类社会组织参与老龄事业和产业发展，为老年人提供更多公益性产品和服务；还要充分发挥好家庭养老的基础作用，弘扬孝老爱亲的文化传统，走家庭养老和社会养老相结合的道路，更好满足老年人的经济供养、生活照料和精神慰藉需求。

（三）坚持突出重点统筹兼顾的方法

受各种条件制约，我国老龄事业与经济社会发展还存在明显的不协调，城乡、区域老龄事业发展也存在不平衡。只有坚持问题导向，认真落实习近平总书记提出的"五个着力"要求，加快补齐政策措施、工作基础、体制机制等明显不足的短板，有效破解制约老龄事业发展的矛盾问题，才能带动老龄事业全局发展。

同时，只有坚持用全局观念、系统思维谋划和推动老龄工作，把老龄事业融入国家经济社会发展全局，将应对人口老龄化与促进经济社会发展相结合，着力推进城乡、区域老龄事业协调发展，促进老龄事业和产业协调发展以及老年人经济保障、服务保障和精神关爱协调发展，才能实现老龄事业全面协调可持续发展。

（四）坚持立足国情放眼全球的原则

立足我国基本国情、借鉴国际有益经验，是中国特色老龄事业发展的必然要求。老龄事业发展必须坚持从我国社会主义初级阶段这一基本国情出发，只有根据经济发展水平和实际财政承受能力，尽力而为、量力而行，不超越阶段，不违背规律，才能实现经济社会可持续发展与改善亿万老年人福祉的双赢。只有立足实际，扬长避短，发挥我国的政治优势、体制优势、文化传统优势、后发优势以及战略回旋空间大等优势，化挑战为机遇，化压力为动力，科学确定目标任务和政策措施，才能努力探索出一条具有中国特色的老龄事业发展道路。

只有放眼全球，准确把握我国在全球人口老龄化进程中的方位。广泛开展老龄领域的国际交流与合作，积极借鉴国际有益经验，才能避免一些国家走过的弯路，全面、快速提升我国老龄事业发展水平，为全球应对人口老龄化贡献中国方案。

（五）坚持发展老龄事业的关键举措

1. 不断推进改革创新

老龄事业改革创新是全面深化改革的重要方面。实践证明，改革创新是发展老龄事业的关键一招。只有勇于改革、大胆探索，不失时机地推进老龄领域的理论、制度、科技、文化、体制机制和工作方式方法创新，才能破除各种制约老龄事业发展的瓶颈制约，不断开创老龄事业发展新局面。

2. 弘扬孝老爱亲文化

孝老爱亲是中华民族的传统美德。只有弘扬孝老爱亲的文化传统，建设具有民族特色、时代特征的孝老爱亲文化，才能从根本上强化家庭成员赡养、扶养老年人的责任意识，巩固家庭养老的基础地位，形成敬老爱老的社会风尚。

3. 健全法治保障体系

法治对老龄事业具有全局性、根本性、长远性意义。只有在实践基础上，不断将成熟的经验举措及时上升为老龄事业和产业发展的法律、法规、政策、标准等制度。切实加大老龄政策法规的执行力度，普遍增强全社会维护老年人合法权益的法治意识，才能全面提升老龄事业的法制化、规范化水平。

4. 强化科技支撑力度

科技是老龄事业发展的重要引擎。只有深入推进老龄领域的基础研究、应用研究和开发研究，大力推动物联网、云计算、大数据、移动互联网等技术在老龄领域的广泛应用,才能不断增强决策的科学性和工作指导的预见性。切实提高为老服务和老年用品的科技含量,才能制定精准化政策、提供精准化服务、实施精细化管理,全面提升老龄事业发展的水平、效率和效能。

三、应对人口老龄化主要问题

近年来,全社会积极开展应对人口老龄化行动,弘扬孝老爱亲传统美德,树立积极老龄观,倡导代际和谐社会文化,营造养老助老良好社会氛围,老年群体的获得感不断提升。但是与人口老龄化快速发展的新形势、党中央国务院的新要求和广大人民群众的新期待相比,我国老龄事业和产业发展还存在一些发展不平衡不充分的问题,应对人口老龄化任重而道远。

(一)人口老龄化国情意识待增强

全社会虽然对于人口老龄化的严峻形势有所了解,但对人口老龄化发展的认识不够全面深刻,特别是对人口老龄化带来的经济、政治、文化、社会影响缺乏正确看待和深入分析,全社会应对人口老龄化的主动性、针对性、自觉性还有待进一步加强。面向党政干部、青少年和老年人的人口老龄化国情教育不足,关爱老年人的意识和老年人的自爱意识要进一步提升。

(二)老龄工作体制机制尚不健全

我国老龄工作体制存在综合决策和协调机制不健全、涉老部门职能定位交叉重叠、监督检查和考核评估机制不到位、投入保障机制不完善、老龄工作委员会办事机构执行力不够强、基层老龄工作力量薄弱等问题。"党委领导、政府主导、社会参与、全民行动"的老龄工作大格局还没有真正形成。这些都直接抑制了我国应对人口老龄化挑战的组织领导能力和战略执行能力的提升。

（三）老龄事业发展不平衡不充分

老龄产业发展不充分，老龄事业和老龄产业发展不平衡；中西部地区特别是老少边穷地区老龄事业发展不充分，区域间老龄事业发展不平衡；农村发展不充分，城乡老龄事业发展不平衡；居家社区养老服务发展不充分，与机构养老服务发展之间存在不均衡；老年人的精神慰藉不充分，与物质保障、服务供给发展不均衡；补充养老保险和商业养老保险发展不充分，养老金三大支柱发展失衡问题突出，基本社会保障制度的公平性、适应性、可持续性仍需加强。

第五章
老年人社会保障

我国宪法第四十五条规定："公民在年老、疾病或者丧失劳动能力的情况下，有从国家和社会获得物质帮助的权利。"社会保障是保障人民生活、调节社会分配的一项基本制度，是国家为社会成员提供一系列基本生活保障，使其在年老、疾病、失业以及丧失劳动能力等情况下，从国家和社会获得物质帮助和服务的制度安排。党的十九大报告提出"加强社会保障体系建设。按照兜底线、织密网、建机制的要求，全面建成覆盖全民、城乡统筹、权责清晰、保障适度、可持续的多层次社会保障体系。"

一、社会保险

（一）养老保险

养老保险是指国家和社会通过相应的制度安排为劳动者解除养老后顾之忧的一种保险，它的目的是增强劳动者抵御老年风险的能力，同时弥补家庭养老的不足，手段则是在劳动者退出劳动岗位后为其提供相应的收入保障。我国养老保险制度是一个"三支柱"的体系。养老保险三个支柱中，第一支柱是基本养老保险，第二支柱是企业年金和职业年金，第三支柱是个人储蓄型养老保险和商业养老保险。

1. 基本养老保险

国家通过基本养老保险制度，保障老年人的基本生活。基本养老保险是社会保险的主要险种，是指缴费一定期限并且个人达到法定退休年龄后，国家和社会提供物质帮助以保证年老者稳定、可靠的生活来源的社会保险制度。我国的基本养老保险制度由两部分组成：职工基本养老保险制度、城乡居民社会养老保险制度。《中华人民共和国社会保险法》颁布实施以来，基本养老保险制度从法律制度层面上实现了"覆盖城乡居民"。

针对企业职工，1951年我国颁布的《中华人民共和国劳动保险条例》对国营企业职工的养老保险做出了规定。20世纪90年代，我国先后颁布实施《国务院关于企业职工养老保险制度改革的决定》（国发〔1991〕33号）、《国务院关于深化企业职工养老保险制度改革的通知》（国发〔1995〕6号）和《国务院关于建立统一的企业职工基本养老保险制度的决定》（国发〔1997〕26号）。2005年12月3日，又发布《国务院关于完善企业职工基本养老保险制度的决定》（国发〔2005〕38号），基本建立起适用于城镇职工的养老保险体系。2018年6月13日，国务院印发了《国务院关于建立企业职工基本养老保险基金中央调剂制度的通知》（国发〔2018〕18号），决定从2018年7月1日起实施基金中央调剂制度，作为实现全国统筹的第一步。

针对机关和事业单位工作人员，我国不断探索建立和健全离退休保障制度。1955年12月29日，国务院颁布《关于国家机关工作人员退休暂行办法》，自1956年1月1日起执行。1980年9月29日，中华人民共和国第五届全国人民代表大会常务委员会第十六次会议通过《国务院关于老干部离职休养的暂行规定》，1980年10月7日施行。1982年2月发布《中共中央关于建立老干部退休制度的决定》（中发〔1982〕13号）。为统筹城乡社会保障体系建设，2015年1月14日，国务院发布《关于机关事业单位工作人员养老保险制度改革的决定》（国发〔2015〕2号）。

针对农村居民，2009年国家出台《国务院关于开展新型农村社会养老保险试点的指导意见》（国发〔2009〕32号），确立了农村社会养老保险制度，规定年满16周岁（不含在校学生）、未参加城镇职工基本养老保险的农村居民，可以在户籍地自愿参加新型农村社会养老保险。

针对城镇非从业居民，我国从2011年7月1日起启动城镇居民社会养老保险试点，将年满16周岁（不含在校学生）、不符合职工基本养老保险参保条件的城镇非从业居民，自愿参加户籍地城镇居民养老保险的人群纳入范围。这是党中央、国务院为加快建设覆盖城乡居民社会保障体系作出的又一重大决策，标志着我国基本养老保险制度全覆盖，对于实现人人享有基本养老保险，促进社会和谐，具有重大意义。试点坚持保基本、广覆盖、有弹性、可持续的原则，实行社会统筹与个人账户相结合的制度模式，通过个人缴费与政府补贴相结合的方式筹集资金，与其他社会保障政策相配套，保障了城镇老年居民的基本生活。

2014年2月21日，《国务院关于建立统一的城乡居民基本养老保险制度的意见》（国发〔2014〕8号）填平了城里人与农村人之间的身份鸿沟，让社保制度的公平性显著增强。

2. 企业年金和职业年金

企业年金，是指企业及其职工在依法参加基本养老保险的基础上，自主建立的补充养老保险制度。

> **专栏　　　　　　企业年金**
>
> 我国《企业年金办法》自2018年2月1日起施行。其中规定企业年金所需费用由企业和职工个人共同缴纳，基金实行完全积累，为每个参加企业年金的职工建立个人账户。企业缴费每年不超过本企业职工工资总额的8%，企业和职工个人缴费合计不超过本企业职工工资总额的12%。

职业年金，是指机关事业单位及其工作人员在参加机关事业单位基本养老保险的基础上，建立的补充养老保险制度。2015年4月6日，国务院办公厅印发的《机关事业单位职业年金办法》规定，从2014年10月1日起实施机关事业单位工作人员职业年金制度。

3. 商业养老保险制度

商业养老保险是商业保险机构提供的，以养老风险保障、养老资金管理等为主要内容的保险产品和服务，是养老保障体系的重要组成部分。

2017年7月4日，国务院办公厅印发《关于加快发展商业养老保险的若干意见》（国办发〔2017〕59号）。自2018年5月1日起，我国在上海市、福建省（含厦门市）和苏州工业园区实施个人税收递延型商业养老保险试点。

（二）医疗保险

与其他社会群体相比较，老年人更需要特殊的医疗服务保障，需要在就诊、用药、护理、预防、卫生、保健等方面得到照顾。对老年人给予特殊照顾，主要是在规定个人缴纳医疗保险费比例时，老年人少缴或者不缴，体现出照顾和优待，维护老年人的生存权和健康权。

国家正在健全稳定可持续筹资和报销比例调整机制，完善缴费参保政策。加快推进基本医疗保险全国联网和异地就医结算，实现跨省异地安置退休人员住院费用直接结算。鼓励有条件的地方研究将基本治疗性康复辅助器具按规定逐步纳入基本医疗保险支付范围。巩固完善城乡居民大病保险。鼓励发展补充医疗保险和商业健康保险、老年人意外伤害保险。

1. 基本医疗保险

国家通过基本医疗保险制度，保障老年人的基本医疗需要。基本医疗保险制度，是指按照国家规定缴纳一定比例的医疗保险费，在参保人因患病和意外伤害发生医疗费用后，由医疗保险基金支付其医疗保险待遇的社会保险制度，其目标是实现"病有所医"。

新中国成立后，我国建立了"三项"医疗保障制度。1998年12月14日，国务院发布《关于建立城镇职工基本医疗保险制度的决定》（国发〔1998〕44号），改革职工医疗保险制度。2007年7月10日，国务院发布了《关于开展城镇居民基本医疗保险试点的指导意见》（国发〔2007〕20号）。

在农村合作医疗方面，1997年5月28日，国务院批转卫生部等部门《关于发展和完善农村合作医疗若干意见的通知》（国发〔1997〕18号）。2003年1月16日，国务院办公厅转发卫生部等部门《关于建立新型农村合作医疗制度意见的通知》（国办发〔2003〕3号）。2016年1月12日，国务院发布《关于整合城乡居民基本医疗保险制度的意见》（国发〔2016〕3号），整合城镇居民基本医疗保险和新型农村合作医疗两项制度，建立统一的城乡居民基本医疗保险制度，对促进城乡经济社会协调发展、全面建成小康社会具有重要意义。

《中华人民共和国老年人权益保障法》第二十九条规定，"享受最低生活保障的老年人和符合条件的低收入家庭中的老年人参加新型农村合作医疗和城镇居民基本医疗保险所需个人缴费部分，由政府给予补贴。"突出体现了对困难老年人医疗保险权益的保障。

2009年《关于基本医疗保险异地就医结算服务工作的意见》（人社部发〔2009〕190号）印发以来，各部门积极探索推进异地就医结算工作，为参保群众提供便捷服务。人力资源社会保障部、财政部、国家卫生计生委办公厅陆续出台相关政策，推动基本医疗保险跨省异地就医结报工作，例如《关于进一步做好基本医疗保险异地就医医疗费用结算工作的指导意见》（人社部发〔2014〕93号）、《国家卫生计生委办公厅关于加快推进城乡居民基本医疗保险（新型农村合作医疗）跨省就医联网结报工作的通知》（国卫办基层函〔2017〕355号）等等。

2. 城乡居民大病保险

城乡居民大病保险，是在基本医疗保障的基础上，对大病患者发生的高额医疗费用给予进一步保障的一项制度性安排，可进一步放大保障效用，是基本医疗保障制度的拓展和延伸，是对基本医疗保障的有益补充。

2012年8月24日，国家发展和改革委、卫生部、财政部、人社部、民政部、保险监督管理委员会等六部委《关于开展城乡居民大病保险工作的指导意见》（发改社会〔2012〕2605号）发布，明确针对城镇居民医保、新农合参保（合）人大病负担重的情况，引入市场机制，建立大病保险制度，减轻城乡居民的大病负担，大病医保报销比例不低于50%。

2015年8月2日，国务院办公厅发布《关于全面实施城乡居民大病保险的意见》（国办发〔2015〕57号），大病保险制度全面建立。2019年《政府工作报告》再次强调加强重大疾病防治；2020年2月14日习近平主持召开中央全面深化改革委员会第十二次会议，明确指出要健全重大医疗保险和救助制度，大病保障水平和服务可及性不断提高，切实避免了人民群众因病致贫、因病返贫。

3. 老年人意外伤害保险

老年人意外伤害保险是由投保人与保险人签订保险合同，在被保险人因遭受外来、突发、非本意、非疾病的事件直接导致老年人身体伤害或死亡时，依照合同约定，给付受益人保险金的一种商业保险。

老年人在日常生活中遭受意外伤害的风险远高于其他年龄群体，不但会增加基本医疗保险的支付压力，也会加重老年人及其家庭经济负担。开展老年人意外伤害保险工作，逐步建立和完善政府支持、社会捐助、个人自费投保相结合的老年人意外伤害保险制度，形成政府、社会、家庭和个人应对风险合力，既有利于发挥商业保险的补充作用，拓展金融保险业新领域，推动现代保险服务业发展，又有利于缓解社会保障压力，提高老年人及其家庭抗风险能力，减少因老年人意外伤害引发的矛盾和纠纷，促进社会和谐稳定。

2016年4月14日，全国老龄办、民政部、财政部、中国保监会四部门联合印发了《关于开展老年人意外伤害保险工作的指导意见》（全国老龄办发〔2016〕32号，以下简称《意见》）。《意见》指出，开展老年人意外伤害保险工作，是应对人口老龄化带来的养老、医疗等方面社会风险，推进养老服务业和现代保险服务业融合发展的客观需要。落实《意见》要求对于推动老龄事业发展、增进老年人福祉和获得感具有十分重要的现实意义。

4. 长期护理保险

随着老龄化发展，丧失生活自理能力的老人（即失能老人）数量在不断增长。对老年人的长期护理保障制度是指为那些因年老体衰导致生活不能自理、需要长期护理的特殊人群提供护理服务费用补偿的保障制度。

我国人口老龄化形势要求逐步开展长期护理保障工作。随着我国人口老龄化进程的不断加快，家庭结构小型化、女性普遍走出家门就业的情况与老年人口高龄化、老年慢性病盛行以及重残老年人剧增的状况构成一对矛盾，老年人的长期护理已经由过去的家庭责任逐步演变为现实的社会问题。

探索建立长期护理保险制度，已纳入"十三五"国家老龄事业发展和养老体系建设规划。国家正在逐步开展长期护理保障工作，保障老年人的护理需求。对生活长期不能自理、经济困难的老年人，地方各级人民政府应当根据其失能程度等情况给予护理补贴，并予以服务保障。开展长期护理保险试点的地区要统筹施策，做好长期护理保险与重度残疾人护理补贴、经济困难失能老年人护理补贴等福利性护理补贴项目的整合衔接，提高资源配置效率效益。鼓励商业保险公司开发适销对路的长期护理保险产品和服务，满足老年人多样化、多层次长期护理保障需求。

> **专栏** 长期护理保险试点
>
> 2016年6月27日,人力资源社会保障部办公厅印发《关于开展长期护理保险制度试点的指导意见》(人社厅发〔2016〕80号),探索建立以社会互助共济方式筹集资金,为长期失能人员的基本生活照料和与基本生活密切相关的医疗护理提供资金或服务保障的社会保险制度。决定在河北省承德市、吉林省长春市、上海市、重庆市等15个城市开展长期护理保险制度试点。利用1~2年试点时间,积累经验,力争在"十三五"期间,基本形成适应我国社会主义市场经济体制的长期护理保险制度政策框架。

二、社会福利

老年人社会福利是指在政府的领导下,在社会各方面力量的参与下,根据老年人特殊需要和老年人自身特点,提供给老年人的养护、医疗、康复和娱乐等方面的物质和服务。

受经济发展水平和传统观念的制约,我国老年人社会福利制度一度只是以保障"无劳动能力、无生活来源、无法定赡养人或扶养人"的"三无"对象基本生活权益为主的补缺性福利。随着经济社会的发展,目前我国老年人社会福利的惠及面正在逐步由传统的"三无"对象向全社会有需要的老年人拓展,由补缺型福利向适度普惠型福利转变。在全国范围内基本建成针对经济困难的高龄、失能老年人的补贴制度。对经济困难的老年人,地方各级人民政府将逐步给予养老服务补贴。

(一)高龄津贴制度

高龄津贴是老年津贴的一种,是针对高龄老年人(通常是指80周岁以上的老年人)发放的具有褒扬性质的福利项目,旨在提高高龄老人的生活质量,倡导敬老尊老风气。建立高龄津贴制度,体现了保障老人生活的政府责任,有利于维护高龄老人获得物质帮助的权利。此外,建立高龄津贴制度对于建立资金保障与服务提供相结合的养老服务体系,推动社会福利由补缺型向适度普惠型转变,具有重要意义。

自 20 世纪 80 年代开始,我国部分地区开始向百岁以上老年人发放高龄津贴,后来逐步扩大到 80 岁以上老年人。高龄津贴制度在我国的发展时间不长,各地情况千差万别,需要制度设计灵活、原则。国家鼓励地方建立 80 周岁以上低收入老年人高龄津贴制度,显示出国家对于建立高龄津贴制度的倡导性态度。虽然规定了"80 周岁以上"和"低收入"条件,但不作为强制性义务,不影响财政状况较好的地方扩大受惠人群范围,或者实行普惠性高龄津贴。截至 2018 年底,我国已实现经济困难的高龄老年人津贴制度省级全覆盖。

(二)养老服务补贴制度

对经济困难老年人的养老服务实行资金补贴,是发展适度普惠型社会福利制度的重要组成部分,是建设社会养老服务体系的重要内容。实践中,各地逐步探索建立这项补贴制度,对经济困难的高龄、独居、失能等老年人入住养老机构或接受社区、居家养老服务提供资金支持。有的地方建立了标准,区别不同老年人,根据不同的经济状况和服务需求,实施不同的养老服务补贴。

《中华人民共和国老年人权益保障法》第三十七条明确提出,"对经济困难的老年人,地方各级人民政府应当逐步给予养老服务补贴"。截至 2018 年底,全国 30 个省份出台了养老服务补贴政策,取得了很好的社会效果。老年人获得了专项补贴,可以用来配置必要的康复辅具,提高生活自理能力和生活质量。

（三）护理补贴制度

《中华人民共和国老年人权益保障法》第三十条规定："国家逐步开展长期护理保障工作，保障老年人的护理需求。对生活长期不能自理、经济困难的老年人，地方各级人民政府应当根据其失能程度等情况给予护理补贴。"

在推进养老服务社会化过程中，许多地区特别是东部沿海发达地区适应人口老龄化的形式，加大财政投入，积极探索长期护理保障工作。对生活长期不能自理并且经济困难的老年人全面发放护理补贴，符合政府承担底线社会保障责任的国际惯例。截至2018年底，护理补贴制度已覆盖全国29个省份。

（四）计划生育家庭老年人扶助制度

在失独老年人基本生活保障方面，国家建立了计划生育家庭奖励扶助制度，奖励扶助对象按人年均不低于600元的标准发放奖励扶助金，直到亡故为止。同时，国家健全完善了计划生育家庭特别扶助制度，自2018年1月1日起，独生子女死亡家庭特别扶助金标准提高到每人每月450元，独生子女伤残家庭特别扶助金标准提高到每人每月350元。同时，提高一至三级计划生育手术并发症人员特别扶助金标准。2013年，卫生计生委联合民政部、财政部、人力资源社会保障部、住房城乡建设部印发《关于进一步做好计划生育特殊困难家庭扶助工作的通知》（国卫家庭发〔2013〕41号），对给予失独家庭医疗服务作出明确规定，将符合条件的低收入失独家庭成员纳入城乡医疗救助范围，给予相应的医疗救助，并帮助其参加城乡医疗保险；鼓励和支持各级医疗机构开通"绿色通道"，建立社区医疗服务巡诊制度，为失独家庭提供便利的就医条件。2015年，国务院办公厅转发卫生计生委等部门《关于推进医疗卫生与养老服务相结合指导意见的通知》（国办发〔2015〕84号），明确提出了鼓励为计划生育特殊家庭等行动不便或确有困难的老年人提供定期体检、上门巡诊、家庭病床、社区护理、健康管理等基本服务。推进基层医疗卫生机构和医务人员与社区、居家养老结合，与老年人家庭建立签约服务关系，为老年人提供连续性的健康管理服务和医疗服务。2017年，国家卫生计生委办公厅印发《关于进一步做好计划生育特殊家庭优先便利医疗服务工作的通知》（国卫办家庭发〔2017〕37号），明确规定将失独家庭成员作为重点对象优先纳入家庭医生签约服务；为失独家庭成员开通就医"绿色通道"，提供挂号、就诊、转诊、取药、收费、综合诊疗等优先便利医疗服务，明确施行手术等医疗服务的签字程序。同时，要求各地在国家政策的基础上出台更加方便、灵活、优惠的政策措施，切实帮助失独老人解决就医困难。

（五）农村的养老基地和生活补贴制度

《中华人民共和国老年人权益保障法》规定了农村的养老基地和生活补贴制度。养老基地是指农村群众自治组织和集体经济组织通过将一部分未承包出去的土地、山林、水面、滩涂等，由专人或者老年人经营管理，其收益除支付劳动报酬外，全部用于老年人的养老。这一规定，是部分农村实践经验的总结。实行养老基地的地方，多是集体经济实力不强，土地、山林等较多，农民家庭生活也不够富裕的地方。老年人生活水平低、养老保障有困难。因此，创办养老基地对贫困地区保障和改善老年人的生活有积极意义。建立养老基地一是可以减轻家庭和社会养老的负担，提高集体养老能力。二是有利于帮助老年人直接解决养老困难，解除后顾之忧。

建立养老基地，必须注意以下几个方面。一是建立养老基地要因地制宜，从农村的实际情况出发，注意发挥本地自然资源优势。二是本条规定在农村建立养老基地，不是强制性规定。从本条的立法精神来讲，是鼓励有条件的农村建立养老基地，以减轻家庭和社会养老的负担，走出一条农村养老的新路子。在有条件的农村建立养老基地所用的土地、山林、水面、滩涂等必须是集体所有的且没有承包出去的资源。如果已经承包给农户经营的，不能强行收回建立养老基地。三是收益归老年人养老，是建立养老基地的根本目的。养老基地的收益，必须供老年人养老，改善老年人的生活。

三、社会优待

老年人优待是政府和社会在做好公民社会保障和基本公共服务的基础上，在医、食、住、用、行、娱等方面，积极为老年人提供的各种形式的经济补贴、优先优惠和便利服务。做好老年人优待工作，是增进老年人福祉的重要举措，也是社会文明进步的重要标志。全国老龄办等24部门《关于进一步加强老年人优待工作的意见（全国老龄办发〔2013〕97号）》明确提出了优待项目。《国务院办公厅关于制定和实施老年人照顾服务项目的意见》（国办发〔2017〕52号）明确了20项老年人照顾服务重点任务，涵盖了老年人医、食、住、行、娱等各方面。

（一）政务服务优待

各地在落实和完善社会保障制度和公共服务政策时，应对老年人予以适度倾斜。

鼓励地方建立八十周岁以上低收入老年人高龄津贴制度。

政府投资兴办的养老机构，要在保障"三无"老年人、"五保"老年人服务需求的基础上，优先照顾经济困难的孤寡、失能、高龄老年人。

各地对经济困难的老年人要逐步给予养老服务补贴。对生活长期不能自理、经济困难的老年人，要根据其失能程度等情况给予护理补贴。

各地在实施廉租住房、公共租赁住房等住房保障制度时，要照顾符合条件的老年人，优先配租配售保障性住房；进行危旧房屋改造时，优先帮助符合条件的老年人进行危房改造。

政府有关部门要为老年人及时、便利地领取养老金、结算医疗费和享受其他物质帮助，创造条件，提供便利。鼓励和引导公共服务机构、社会志愿服务组织优先为老年人提供服务。

政府有关部门在办理房屋权属关系变更等涉及老年人权益的重大事项时，应依法优先办理，并就办理事项是否为老年人的真实意愿进行询问，有代理人的要严格审查代理资格。

免除农村老年人兴办公益事业的筹劳任务。经农村集体经济组织全体成员同意，将未承包的集体所有的部分土地、山林、水面、滩涂等作为养老基地，收益供老年人养老，纳入国家和地方湿地保护体系及其自然保护区的重要湿地除外。

政府有关部门要完善老年人社会参与方面的支持政策，充分发挥老年人参与社会发展的积极性和创造性。

对有老年人去世的城乡生活困难家庭，减免其基本殡葬服务费用，或者为其提供基本殡葬服务补贴。对有老年人去世的家庭，选择生态安葬方式的，或者在土葬改革区自愿实行火葬的，要给予补贴或奖励。

除极少数超大城市需按政策落户外，80周岁及以上老年人可自愿随子女迁移户口，依法依规享受迁入地基本公共服务。

深化敬老月活动，各级党委和政府坚持每年组织开展走访慰问困难老年人活动。发挥基层服务型党组织和工会、共青团、妇联等群团组织以及城乡基层社会组织的优势，开展经常性为老志愿服务活动。

（二）卫生保健优待

医疗卫生机构要优先为辖区内65周岁以上常住老年人免费建立健康档案，每年至少提供1次免费体格检查和健康指导，开展健康管理服务。定期对老年人进行健康状况评估，及时发现健康风险因素，促进老年疾病早发现、早诊断、早治疗。积极开展老年疾病防控的知识宣传，开展老年慢性病和老年期精神障碍的预防控制工作，为行动不便的老年人提供上门服务。

医疗卫生机构应为老年人就医提供方便和优先优惠服务。通过完善挂号、诊疗系统管理，开设专用窗口或快速通道、提供导医服务等方式，为老年人特别是高龄、重病、失能老年人挂号（退换号）、就诊、转诊、综合诊疗提供便利条件。鼓励各地医疗机构减免老年人普通门诊挂号费和贫困老年人诊疗费。提倡为老年人义诊。

对符合条件的低收入家庭老年人参加城乡居民基本医疗保险所需个人缴费部分，由政府给予适当补贴。

加快推进基本医疗保险异地就医结算工作，2017年底前基本实现符合转诊规定的老年人异地就医住院费用直接结算。

（三）交通出行优待

城市公共交通、公路、铁路、水路和航空客运，要为老年人提供便利服务。

综合考虑老、幼、病、残、孕等重点旅客出行需求，有条件的公共交通场所、站点和公共交通工具要按照无障碍环境建设要求，加快无障碍设施建设和改造，在醒目位置设置老年人等重点人群服务标志，开辟候乘专区或专座，为无人陪同、行动不便等有服务需求的老年人提供便利服务。

城市公共交通工具应为老年人提供票价优惠，鼓励对65周岁以上老年人实行免费，有条件的地方可逐步覆盖全体老年人。各地可根据实际情况制定具体的优惠办法，对落实老年优待任务的公交企业要给予相应经济补偿。

倡导老年人投保意外伤害保险，保险公司对参保老年人应给予保险费、保险金额等方面的优惠。

公共交通工具要设立不低于坐席数10%的"老幼病残孕"专座。铁路部门要为列车配备无障碍车厢和座位，对有特殊需要的老年人订票和选座位提供便利服务。

严格执行《无障碍环境建设条例》《社区老年人日间照料中心建设标准》和《养老设施建筑设计规范》等建设标准，重点做好居住区、城市道路、商业网点、文化体育场馆、旅游景点等场所的无障碍设施建设，优先推进坡道、电梯等与老年人日常生活密切相关的公共设施改造，适当配备老年人出行辅助器具，为老年人提供安全、便利、舒适的生活和出行环境。

公厕应配备便于老年人使用的无障碍设施，并对老年人实行免费。

（四）商业服务优待

各地要根据老年人口规模和消费需求，合理布局商业网点，有条件的商场、超市设立老年用品专柜。

商业饮食服务网点、日常生活用品经销单位，以及水、电、热力、燃气、通信、电信、邮政等服务行业和网点，要为老年人提供优先、便利和优惠服务。

金融机构应为老年人办理业务提供便捷服务，设置老年人优先窗口，并提供导银服务，对有特殊困难、行动不便的老年人提供特需服务或上门服务。鼓励对养老金客户实施减费让利，对异地领取养老金的客户减免手续费。对办理转账、汇款业务或购买金融产品的老年人，应提示相应风险。

（五）文体休闲优待

各级各类博物馆、美术馆、科技馆、纪念馆、公共图书馆、文化馆等公共文化服务设施，向老年人免费开放。减免老年人参观文物建筑及遗址类博物馆的门票。

公共文化体育部门应对老年人优惠开放，免费为老年人提供影视放映、文艺演出、体育赛事、图片展览、科技宣传等公益性流动文化体育服务。关注农村老年人文化体育需求,适当安排面向农村老年人的专题专场公益性文化体育服务。

公共文化体育场所应为老年人健身活动提供方便和优惠服务,安排一定时段向老年人减免费用开放,有条件的可适当增加面向老年人的特色文化体育服务项目。提倡体育机构每年为老年人进行体质测定,为老年人体育健身提供咨询、服务和指导,提高老年人科学健身水平。

提倡经营性文化体育单位对老年人提供优待。鼓励影剧院、体育场馆为老年人提供优惠票价,为老年文艺体育团体优惠提供场地。

公园、旅游景点应对老年人实行门票减免,鼓励景区内的观光车、缆车等代步工具对老年人给予优惠。

鼓励相关职业院校和培训机构每年面向老年人及其亲属开设一定学时的老年人护理、保健课程或开展专项技能培训。

推动具有相关学科的院校开发老年教育课程,为社区、老年教育机构及养老服务机构等提供教学资源及教育服务。支持兴办老年电视(互联网)大学,完善老年人社区学习网络。鼓励社会教育机构为老年人开展学习活动提供便利和优惠服务。

老年教育资源向老年人公平有序开放,减免贫困老年人进入老年大学(学校)学习的学费。提倡乡镇(街道)、城乡社区落实老年人学习场所,提供适合老年人的学习资源。

支持老年人开展文体娱乐、精神慰藉、互帮互助等活动,鼓励和支持为乡镇(街道)、城乡社区综合服务设施、为老服务机构和组织因地制宜配备适合老年人的文体器材。引导有条件的公共图书馆开设老年阅览区域,提供大字阅读设备、触屏读报系统等。

(六)维权服务优待

各级人民法院对侵犯老年人合法权益的案件,要依法及时立案受理、及时审判和执行。

司法机关应开通电话和网络服务、上门服务等形式,为高龄、失能等行动不便的老年人报案、参与诉讼等提供便利。

老年人因其合法权益受到侵害提起诉讼,需要律师帮助但无力支付律师费用的,可依法获得法律援助。对老年人提出的法律援助申请,要简化程序,优先受理、优先审查和指派。各地可根据经济社会发展水平,适度放宽老年人经济困难标准,将更多与老年人权益保护密切相关的事项纳入法律援助补充事项范围,扩大老年人法律援助覆盖面。

要健全完善老年人法律援助体系,不断拓展老年人申请法律援助的渠道,科学设置基层法律援助站点,简化程序和手续,为老年人就近申请和获得法律援助提供便利条件。

老年人因追索赡养费、扶养费、养老金、退休金、抚恤金、医疗费、劳动报酬、人身伤害事故赔偿金等提起诉讼,交纳诉讼费确有困难的,可以申请司法救助,缓交、减交或者免交诉讼费。因情况紧急需要先予执行的,可依法裁定先予执行。

鼓励律师事务所、公证处、司法鉴定机构、基层法律服务所等法律服务机构,为经济困难的老年人提供免费或优惠服务。

进一步推动扩大法律援助覆盖面,降低法律援助门槛,有条件的地方可适度放宽老年人申请法律援助的经济困难标准和受案范围。

四、社会救助

社会救助是指国家和社会组织对于遭受自然灾害、失去劳动能力或者其他低收入公民给予物质帮助或者精神救助,以维持其基本生活需求,保障其最低生活水平的各种措施。我国的《社会救助暂行办法》自2014年5月1日起施行。2017年9月15日,民政部等联合印发《关于积极推行政府购买服务加强基层社会救助经办服务能力的意见》(民发〔2017〕153号)。

《"十三五"国家老龄事业发展和养老体系建设规划》特别强调，确保所有符合条件的老年人按规定纳入最低生活保障、特困人员救助供养等社会救助制度保障范围。完善医疗救助制度，全面开展重特大疾病医疗救助，逐步将低收入家庭老年人纳入救助范围。完善临时救助制度，加强对老年人的"救急难"工作，按规定对流浪乞讨、遭受遗弃等生活无着老年人给予救助。落实农村最低生活保障制度与扶贫开发政策有效衔接有关政策要求，确保现行扶贫标准下农村贫困老年人实现脱贫。

（一）最低生活保障

国家主要通过覆盖城乡的最低生活保障对经济困难的老年人给予生活救助。国务院于1999年、2007年先后颁布出台《城市居民最低生活保障条例》（国务院令第271号）和《关于在全国建立农村最低生活保障制度的通知》（国发〔2007〕19号），要求在全国范围建立最低生活保障制度，将符合条件的贫困人口全部纳入保障范围，稳定、持久、有效地解决他们的温饱问题。《国务院关于进一步加强和改进最低生活保障工作的意见》（国发〔2012〕45号）明确提出"对最低生活保障家庭中的老年人、未成年人、重度残疾人、重病患者等重点救助对象，要采取多种措施提高其救助水平"的要求。

近年来，各地贯彻落实中央文件精神，及时将家庭年人均收入低于当地低保标准的老年人纳入保障范围，基本实现应保尽保。考虑到贫困老年人比一般的贫困成年人在医疗、保健、照顾等方面存在着特殊需求，民政部门对低保家庭中的老年人采取了"分类施保"政策，对其给予重点照顾。主要有四种做法：一是按当地低保标准全额享受救助；二是在原享受低保救助金基础上，再根据当地低保标准增发10%~30%不等的救助金；三是在原享受低保救助金的基础上，每月再增发10~50元不等的救助金；四是在核算收入时免除一部分家庭收入，从而达到增发低保金的目的。无论哪种方式，都能使低保家庭中的老年人获得的救助金多于一般的低保对象，从而使他们得到更多的照顾。

（二）特困人员供养

没有劳动能力、没有收入来源、没有法定赡养人或扶养人的社会成员，通常被称为"三无对象"或者"三无人员"，是最困难、自救能力最差的社会群体。特别是其中的老年人群体，需要国家和集体给予救助或救济。

2014年2月21日公布的《社会救助暂行办法》规定："国家对无劳动能力、无生活来源且无法定赡养、抚养、扶养义务人，或者其法定赡养、抚养、扶养义务人无赡养、抚养、扶养能力的老年人、残疾人以及未满16周岁的未成年人，给予特困人员供养。"特困人员供养的内容包括：提供基本生活条件，对生活不能自理的给予照料，提供疾病治疗，办理丧葬事宜。特困人员供养标准，由省、自治区、直辖市或者设区的市级人民政府确定、公布。

按照自2006年3月1日起施行的《农村五保供养工作条例》，"老年、残疾或者未满16周岁的村民，无劳动能力、无生活来源又无法定赡养、扶养义务人，或者其法定赡养、扶养义务人无赡养、扶养能力的，享受农村五保供养待遇。"在吃、穿、住、医、葬方面给予村民的生活照顾和物质帮助。可以在当地的农村五保供养服务机构集中供养，也可以在家分散供养。

（三）医疗救助

国家建立健全医疗救助制度，保障医疗救助对象获得基本医疗卫生服务。最低生活保障家庭成员、特困供养人员、县级以上人民政府规定的其他特殊困难人员可以申请相关医疗救助。医疗救助采取下列方式：对救助对象参加城镇居民基本医疗保险或者新型农村合作医疗的个人缴费部分，给予补贴；对救助对象经基本医疗保险、大病保险和其他补充医疗保险支付后,个人及其家庭难以承担的符合规定的基本医疗自负费用,给予补助。医疗救助标准,由县级以上人民政府按照经济社会发展水平和医疗救助资金情况确定、公布。

2009年4月,《中共中央、国务院关于深化医药卫生体制改革的意见》(中发〔2009〕6号)和《国务院关于印发医药卫生体制改革近期重点实施方案(2009–2011年)的通知》(国发〔2009〕12号)等文件的下发,明确了医疗救助制度的目标和任务。2009年6月,民政部会同财政、卫生、人力资源社会保障等相关部门,出台了《关于进一步完善城乡医疗救助制度的意见》(民发〔2009〕81号),就如何进一步完善医疗救助制度进行了全面部署,提出了新的措施和要求。2012年1月,民政部联合财政、卫生、人力资源社会保障等相关部门下发了《关于开展重特大疾病医疗救助试点工作的意见》(民发〔2012〕21号),在全国开展重特大疾病医疗救助试点工作,将低保、五保对象中的老年人,以及低收入老年人纳入救助范围。

(四)住房救助

国家对符合规定标准的住房困难的最低生活保障家庭、分散供养的特困人员,给予住房救助。住房救助通过配租公共租赁住房、发放住房租赁补贴、农村危房改造等方式实施。住房困难标准和救助标准,由县级以上地方人民政府根据本行政区域经济社会发展水平、住房价格水平等因素确定、公布。《中华人民共和国老年人权益保障法》第三十二条规定,"地方各级人民政府在实施廉租住房、公共租赁住房等住房保障制度或者进行危旧房屋改造时,应当优先照顾符合条件的老年人"。

同时,住建部门出台的部门规章也体现出优先照顾老年人的精神。一是《公共租赁住房管理办法》第十五条规定,复审通过的轮候对象中享受国家定期抚恤补助的优抚对象、孤老病残人员等,可以优先安排公共租赁住房。二是《廉租住房保障办法》对城市低收入住房困难家庭通过发放租赁补贴和实物配租，增强其承租住房的能力，实现住房救助。其十九条规定，实物配租应当优先面向已经登记为廉租住房保障对象的孤、老、病、残等特殊困难家庭，城市居民最低生活保障家庭以及其他急需救助的家庭。

（五）临时救助

国家对遭遇突发事件、意外伤害、重大疾病或其他特殊原因导致基本生活陷入困境，其他社会救助制度暂时无法覆盖或救助之后基本生活暂时仍有严重困难的家庭或个人给予的应急性、过渡性的救助。

针对流浪乞讨和遭受遗弃等生活无着的老年人，《中华人民共和国老年人权益保障法》规定由地方各级人民政府依照有关规定给予救助。《社会救助法》对流浪乞讨和遭受遗弃等生活无着的老年人作了专门规定，按照其规定，公安机关和其他有关行政机关的工作人员在执行公务时发现流浪、乞讨人员的，应当告知其向救助管理机构求助。对其中的残疾人、未成年人、老年人和行动不便的其他人员，应当引导、护送到救助管理机构；对突发急病人员，应当立即通知急救机构进行救治。

第六章
养老服务

改革开放特别是党的十八大以来，我国养老服务从面向困难老年人逐步拓展到全体老年人，形成了以居家为基础、社区为依托、机构为补充、医养结合的中国特色养老服务体系。伴随老年人口数量持续增加，高龄和失能失智老人数量不断提升，养老服务需求持续增长，对服务能力和质量提出更高要求。目前，我国居家、社区养老服务供给能力不足，养老机构服务供给总量短缺与结构矛盾并存。《国家积极应对人口老龄化中长期规划》提出，要健全以居家为基础、社区为依托、机构充分发展、医养有机结合的多层次养老服务体系，要加大养老服务投入力度，多渠道、宽领域扩大适老产品和服务供给。到2022年，功能完善、规模适度、覆盖城乡、医养结合的养老服务体系基本建成。到2035年，中国特色养老服务体系成熟定型，全体老年人享有基本养老服务。

一、家庭养老

家庭养老是指老年人居住在家中，主要由具有血缘关系的家庭成员为老年人提供照料的养老方式。家庭养老充分体现了"家"文化、"孝"文化的传统和优势，具有不脱离熟悉环境享受亲情的独特优势，是我国老年人养老的最基础、最主要方式。改革开放以来，家庭结构小型化、人口流动性加大和传统观念变迁，使我国城乡家庭生活照料能力不足、养老功能日渐弱化，对传统的家庭养老模式造成了较大冲击。

《中华人民共和国老年人权益保障法》明确规定："老年人养老以居家为基础，家庭成员应当尊重、关心和照料老年人"，"国家建立健全家庭养老支持政策，鼓励家庭成员与老年人共同生活或者就近居住，为老年人随配偶或者赡养人迁徙提供条件，为家庭成员照料老年人提供帮助"。家庭养老是社会养老服务体系的基石，加强对家庭养老的支持力度，减轻家庭养老的负担，不仅可以有效缓解养老服务体系的压力，而且能够更好地发挥家庭养老的传统，提高老年人的生活质量。随着我国人口老龄化程度的加深，以及家庭养老功能的弱化，对家庭养老的支持变得日益迫切和必要。

我国将逐步建立支持家庭养老的政策体系，不断涵养增强家庭养老功能，支持成年子女与老年父母就近居住或共同生活，履行赡养义务和承担照料责任。家庭养老支持政策，同时也是家庭发展政策的重要组成部分，主要包括支持家庭养老的长期护理险免税政策、津贴政策、弹性就业政策等等，例如《国家卫生计生委办公厅关于开展计划生育家庭养老照护试点工作的通知》（国卫办家庭函〔2014〕834号）等等。

二、居家社区养老服务

（一）大力发展居家社区养老服务

居家社区养老服务，是指由政府和社会力量依托社区，帮助家庭成员为在家居住的老年人提供生活照料、家政服务、康复护理、医疗保健、精神慰藉等方面的上门服务，或通过加强社区养老服务设施、服务队伍和信息网络建设，为居家的老年人及时提供日间照料、家政、情感慰藉等多样化的服务。它实际上是支持家庭养老的社会化服务体系，具有服务主体多元化、服务对象公众化、服务方式多样化、服务队伍专业化等特点。

居家社区养老相较过去传统的家庭养老而言，虽一字之差，但却有着全新的理念和内涵，是对传统的家庭养老模式的补充与创新。这种模式适合子女无暇照顾且不愿意离开原有熟悉环境的老年人。

居家社区养老使老年人在自己的家庭和熟悉的社区环境中就能安度晚年，既可享受子孙绕膝的天伦之乐和家庭温馨，又能得到社区和社会提供的优质、便捷的服务，对于提高老年人生命生活质量具有非常重要的意义。因此，老年人养老以居家为基础，是立足于我国社会主义初级阶段基本国情和中华民族孝老爱亲优良传统，充分尊重广大老年人意愿和心理需求的最适用、最现实的选择，也是世界各国通行的主要养老方式。

《"十三五"国家老龄事业发展和养老体系建设规划》提出加强社区养老服务设施建设。统筹规划发展城乡社区养老服务设施，新建城区和新建居住（小）区按要求配套建设养老服务设施。老城区和已建成居住（小）区无养老服务设施或现有设施未达到规划要求的，通过购置、置换、租赁等方式建设。加强社区养老服务设施与社区综合服务设施的整合利用。支持在社区养老服务设施配备康复护理设施设备和器材。鼓励有条件的地方通过委托管理等方式，将社区养老服务设施无偿或低偿交由专业化的居家社区养老服务项目团队运营。

大力发展居家社区养老服务。支持城乡社区定期上门巡访独居、空巢老年人家庭，帮助老年人解决实际困难。支持城乡社区发挥供需对接、服务引导等作用，加强居家养老服务信息汇集，引导社区日间照料中心等养老服务机构依托社区综合服务设施和社区公共服务综合信息平台，创新服务模式，提升质量效率，为老年人提供精准化个性化专业化服务。鼓励老年人参加社区邻里互助养老。鼓励有条件的地方推动扶持残疾、失能、高龄等老年人家庭开展适应老年人生活特点和安全需要的家庭住宅装修、家具设施、辅助设备等建设、配备、改造工作，对其中的经济困难老年人家庭给予适当补助。大力推行政府购买服务，推动专业化居家社区养老机构发展。

开展居家社区养老服务工程。依托城乡社区公共服务综合信息平台，以失能、独居、空巢老年人为重点，整合建立居家社区养老服务信息平台、呼叫服务系统和应急救援服务机制，方便养老服务机构和组织向居家老年人提供助餐、助洁、助行、助浴、助医、日间照料等服务。

实施"互联网+"养老工程。支持社区、养老服务机构、社会组织和企业利用物联网、移动互联网和云计算、大数据等信息技术，开发应用智能终端和居家社区养老服务智慧平台、信息系统、APP应用、微信公众号等，重点拓展远程提醒和控制、自动报警和处置、动态监测和记录等功能，规范数据接口，建设虚拟养老院。

《国家积极应对人口老龄化中长期规划》提出，提升居家社区养老品质，建立完善支持居家社区养老的政策体系，鼓励成年子女与老年父母就近居住或共同生活，履行赡养义务、承担照料责任。探索社区互助式养老，鼓励老年人根据喜好及相互约定，自愿开展多种形式的互助式养老。加强社区养老服务设施布局，加快建设分布式、多功能、专业化的社区养老服务设施，制定和完善适老性住宅的建筑标准和规范。

2016年，民政部、财政部下发了《关于中央财政支持开展居家和社区养老服务改革试点工作的通知》（民函〔2016〕200号），重点支持试点地区居家和社区养老服务发展，通过政府扶持、社会力量运营、市场化运作，全面提升居家和社区养老综合服务能力。

（二）居家社区养老服务标准

1. 国家标准

2017年5月1日，国家标准《GB/T33169—2016 社区老年人日间照料中心设施设备配置》和《GB/T33168—2016 社区老年人日间照料中心服务基本要求》开始实施。第一项标准规定了社区老年人日间照料中心设施设备配置的原则、基本要求、基本配置和适宜配置。第二项标准规定了社区老年人日间照料中心服务的总则、基本服务和适宜服务。这两项标准适用于城市社区老年人日间照料中心。养老机构中的老年人日间照料中心和农村社区老年人日间照料中心可参照执行。

2. 行业标准

2013年9月1日，商务部《SB/T 10944—2012 居家养老服务规范》开始实施。此标准规定了居家养老服务的术语和定义、服务内容、基本要求、服务管理、客户关系管理等。此标准适用于全国范围内提供居家养老有偿服务的服务机构。

2011年3月1日，《建标143—2010 社区老年人日间照料中心建设标准》（以下简称《建设标准》）开始施行。此建设标准适用于社区老年人日间照料中心的新建工程项目，改建和扩建工程项目可参照执行。此建设标准所指社区老年人日间照料中心是指为以生活不能完全自理、日常生活需要一定照料的半失能老年人为主的日托老年人提供膳食供应、个人照顾、保健康复、娱乐和交通接送等日间服务的设施。2015年4月2日，《社区老年人日间照料中心标准设计样图》（以下简称《样图》）印发，以规范社区老年人日间照料中心建设，提高其建设质量。但《样图》不具备与《建设标准》正文同等的法律效力，仅供使用者作为理解和把握《建设标准》规定时的参考。

3 地方标准

近年来，一些省市陆续制定了居家社区养老服务相关规范，例如上海市、广东省、北京市、福建省、安徽省等。

上海市地方标准《DB31/T 461—2009 社区居家养老服务规范》于2010年2月1日起正式实施。此标准提出了社区居家养老服务的内容和要求，规定了社区居家养老服务的组织、从业人员、服务项目、服务流程以及服务改进等要求。此标准适用于上海市行政区域内的社区居家养老服务社（社区助老服务社）、社区老年人日间服务中心、社区老年人助餐服务点等社区居家养老服务组织（机构）。

广东省地方标准《DB44/T 1518—2015 社区居家养老服务规范》于2015年4月30日起正式实施。此标准规定了居家养老服务的术语和定义、工作原则、服务机构要求、服务内容、服务流程、信息共享与沟通、监督与投诉和服务质量改进。此标准适用于社区居家养老服务机构提供的养老服务。

2016年7月1日，北京市地方标准《DB11/ 1309—2015 社区养老服务设施设计标准》开始实施。2016年9月26日，北京市民政局印发了《社区养老服务驿站设施设计和服务标准（试行）》。社区养老服务驿站是充分利用社区资源，就近为有需求的居家老年人提供生活照料、陪伴护理、心理支持、社会交流等服务，由法人或具有法人资质的专业团队运营的为老服务机构。

福建省地方标准《DB35/T1518—2015 城市社区居家养老服务规范》于2016年2月9日起正式实施。此标准规定了城市社区居家养老服务的服务分类、建设要求、服务流程与管理、服务提供及服务质量的管理。此标准适用于城市社区居家养老服务站和提供城市社区居家养老服务的机构（组织）。

2018年7月10日，安徽省发布《关于〈社区养老服务管理规范〉地方标准的征求意见的通知》。

三、机构养老服务

机构养老是指国家、社会组织和个人通过举办养老机构，为老年人提供养护、康复、托管等服务，是专业化和规范化的养老服务。机构养老面向的主要对象，一是需由政府供养的孤寡老人，二是空巢老人，三是家庭无力照顾的生活不能自理或部分自理老人，四是有经济支付能力愿意到机构接受照料的老人。

养老机构是指依照《养老机构设立许可办法》设立并依法办理登记的为老年人提供集中居住和照料服务的机构。养老机构管理依据自2013年7月1日起施行的《养老机构管理办法》。养老机构能够满足有需要的老年人的集中服务需求，尤其是为失能、部分失能老年人提供专业化照料。同时，养老机构可以利用设施、人员和技术等方面的优势，辐射周边社区，支持居家养老和社区照料服务，提高养老服务的专业化水平。

（一）公办养老机构改革

我国公办养老机构在履行基本养老服务职能、承担特殊困难老年人集中养老任务以及开展养老服务示范、培训等方面，发挥了重要作用。但不少公办养老机构仍然存在着职能定位不明确、运行机制不健全、发展活力不足等突出问题，迫切需要深化改革。2013年12月13日，《民政部关于开展公办养老机构改革试点工作的通知》（民函〔2013〕369号）提出了试点任务。

1. 明确公办养老机构职能定位

由于公办养老机构由国家出资，具有强烈的再分配功能，在服务对象上理应向最需要服务而又困难的特殊老年群体倾斜。我国养老机构面临总量不足和结构失衡的双重矛盾。为此公办养老机构应当优先保障孤老优抚对象、经济困难的孤寡、失能、高龄等老年人的服务需求，充分发挥托底作用。以老年人经济状况和身体状况评估为重点，建立健全养老服务评估制度，以增加入住养老机构的公开透明性为重点，建立健全社会评议和公示制度，确保公办养老机构职能落实到位。

2. 增强公办养老机构服务功能

公办养老机构应当加大基础设施改造，拓展服务功能，拓宽服务范围，提高护理性床位的数量和比重。开展服务项目和设施安全标准化建设，丰富信息化服务手段，提高人员队伍素质。发挥面向社会示范培训、调控养老服务市场、化解民办养老机构因暂停或终止服务导致的老年人安置风险等作用。

3. 推进公办养老机构公建民营

加快推进具备向社会提供养老服务条件的公办养老机构转制为企业或开展公建民营。完善公建民营养老机构管理办法，鼓励社会力量通过独资、合资、合作、联营、参股、租赁等方式参与公办养老机构改革。政府投资建设和购置的养老设施、新建居住（小）区按规定配建并移交给民政部门的养老设施、党政机关和国有企事业单位培训疗养机构等改建的养老设施，均可实施公建民营。加强监督管理，明晰权责关系，确保国有资产不流失、养老用途不改变、服务水平明显提高。

（二）机构养老服务标准

1. 国家标准

《GB/T 29353—2012 养老机构基本规范》于2013年5月1日正式实施。此标准规定了养老机构的基本要求、人员要求、管理要求、环境与设施设备要求和服务内容及要求。此标准适用于全日制养老机构的运行和管理。此标准不适用于非全日制的社区日间照料或托养服务机构。

《GB38600—2019 养老机构服务安全基本规范》于2019年12月27日正式发布，将于2022年1月1日开始实施。此标准规定了养老机构服务安全的基本要求、安全风险评估、服务防护、管理。此标准适用于养老机构的服务安全管理。

《GB/T35796—2017 养老机构服务质量基本规范》于2017年12月29日正式实施。此标准规定了养老机构服务的基本要求、服务项目与质量要求、管理要求、服务评价与改进。此标准适用于养老机构的服务质量管理。

2018年3月30日，住房和城乡建设部批准《老年人照料设施建筑设计标准》为行业标准，编号为JGJ450—2018，自2018年10月1日起实施。其中，第4.2.4、5.1.2、5.6.4、5.6.6、6.5.3、7.2.5条为强制性条文，必须严格执行。原国家标准《GB50867—2013 养老设施建筑设计规范》和《GB50340—2016 老年人居住建筑设计规范》同时废止。

2. 行业标准

《MZ008—2001 老年人社会福利机构基本规范》于2001年3月1日正式实施。此规范适用于各类、各种所有制形式的为老年人提供养护、康复、托管等服务的社会福利服务机构。

《MZ/T 032—2012 养老机构安全管理》于2012年4月1日正式实施。本标准规定了养老机构的安全管理体系、设备设施安全、食品安全、消防安全、医疗护理安全、人身安全、财产安全、信息安全、突发事件应急管理和安全教育与培训的要求。

《MZ/T131—2019 养老服务常用图形符号及标志》于2019年12月12日正式发布并开始实施。此标准规定了养老服务常用图形符号及标志的基本要求、设计要求、设置与安装、管理与维护。此标准适用于提供养老服务的场所。

《MZ/T132—2019 养老机构预防压疮服务规范》于2019年12月12日正式发布并开始实施。此标准规定了养老机构预防压疮服务的评估、预防方法和管理要求。此标准适用于养老机构服务对象发生压疮的预防。

《MZ/T133—2019 养老机构顾客满意度测评》于2019年12月12日正式发布并开始实施。本标准规定了养老机构顾客满意度测评的基本要求、指标体系与权重、测评方法、数据处理、分析和改进的要求。此标准适用于养老机构开展顾客满意度测评,第三方开展顾客满意度测评可参照执行。

3. 地方标准

在养老机构方面,各地也出台了系列相关标准规范。例如北京市地方标准养老机构系列有:《DB11/T 219—2004 养老服务机构服务质量星级划分与评定》《DB11/T 304—2005 养老服务机构标准体系技术标准、管理标准和工作标准》《DB11/T 148—2008 养老服务机构服务质量规范》《DB11/T 303—2014 养老机构服务标准体系建设指南》《DB11/T 305—2014 养老机构老年人健康评估规范》《DB11/T 1217—2015 养老机构老年人生活照料操作规范》《DB11/T 1121—2014 养老机构社会工作服务规范》《DB11/T 220—2014 养老机构医务室服务规范》《DB11/T 536—2016 社会福利机构安全管理规范》《DB11/T 149—2016 养老机构院内感染控制规范》等等。

第七章
老年健康支持

健康是促进人的全面发展的必然要求，是经济社会发展的基础条件。实现国民健康长寿，是国家富强、民族振兴的重要标志，也是全国各族人民的共同愿望。

党和国家高度重视老年健康工作。近年来，中共中央、国务院发布了《"健康中国2030"规划纲要》。国家卫计委等十三部门印发了《"十三五"健康老龄化规划》，提出："以维护老年健康权益和满足老年健康服务需求作为出发点和落脚点，大力推进老年健康服务供给侧结构性改革，实现发展方式由以治病为中心转变为以人民健康为中心，服务体系由以提高老年疾病诊疗能力为主向以生命全周期、健康服务全覆盖为主转变，建立起适应老年人健康需求的包括保健—预防—治疗—康复—护理—安宁疗护的综合性、连续性的服务体系，保障老年人能够获得适宜的、综合的、连续的整合型健康服务，提高老年人健康水平，实现健康老龄化，建设健康中国。"国家卫生健康委组织开展了《中国健康老龄化战略研究》，明确"健康老龄化"的核心要义，作出关注生命全程、提高老年人健康水平和生命质量的战略部署。《国家积极应对人口老龄化中长期规划》提出，积极推进健康中国建设，打造高质量的健康服务体系，建立和完善包括健康教育、预防保健、疾病诊治、康复护理、长期照护、安宁疗护的综合、连续的老年健康服务体系。

一、"健康中国 2030"规划纲要

2016 年 10 月 25 日,中共中央、国务院发布了《"健康中国 2030"规划纲要》(以下简称《纲要》),这是建国以来首次在国家层面提出的健康领域中长期战略规划,是推进健康中国建设的行动纲领。

(一)主要特点

《纲要》坚持目标导向和问题导向,突出了战略性、系统性、指导性、操作性,具有鲜明特点。

1. 突出大健康的发展理念

根据世界卫生组织研究,人的行为方式和环境因素对健康的影响越来越突出,"以疾病治疗为中心"难以解决人的健康问题,也不可持续。因此,《纲要》确立了"以促进健康为中心"的"大健康观""大卫生观",提出将这一理念融入公共政策制定实施的全过程,统筹应对广泛的健康影响因素,全方位、全生命周期维护人民群众健康。

2. 着眼长远与当前相结合

《纲要》围绕全面建成小康社会、实现"两个一百年"奋斗目标的国家战略,充分考虑与经济社会发展各阶段目标相衔接,与联合国"2030 可持续发展议程"要求相衔接,同时针对当前突出问题,创新体制机制,从全局高度统筹卫生计生、体育健身、环境保护、食品药品、公共安全、健康教育等领域政策措施,形成促进健康的合力,走具有中国特色的健康发展道路。

3. 三步走目标明确可操作

《纲要》围绕总体健康水平、健康影响因素、健康服务与健康保障、健康产业、促进健康的制度体系等方面设置了若干主要量化指标,使目标任务具体化,工作过程可操作、可衡量、可考核。据此,《纲要》提出健康中国"三步走"的目标,即"2020 年,主要健康指标居于中高收入国家前列","2030 年,主要健康指标进入高收入国

家行列"的战略目标,并展望2050年,提出"建成与社会主义现代化国家相适应的健康国家"的长远目标。

(二)战略主题

"共建共享、全民健康",是建设健康中国的战略主题。

1. 共建共享

《纲要》明确将"共建共享"作为"建设健康中国的基本路径",是贯彻落实"共享是中国特色社会主义的本质要求"和"发展为了人民、发展依靠人民、发展成果由人民共享"的要求。要从供给侧和需求侧两端发力,统筹社会、行业和个人三个层面,实现政府牵头负责、社会积极参与、个人体现健康责任,不断完善制度安排,形成维护和促进健康的强大合力,推动人人参与、人人尽力、人人享有,在"共建共享"中实现"全民健康",提升人民获得感。

2. 全民健康

《纲要》明确将"全民健康"作为"建设健康中国的根本目的"。强调"立足全人群和全生命周期两个着力点",分别解决提供"公平可及"和"系统连续"健康服务的问题,做好妇女儿童、老年人、残疾人、低收入人群等重点人群的健康工作,强化对生命不同阶段主要健康问题及主要影响因素的有效干预,惠及全人群、覆盖全生命周期,实现更高水平的全民健康。

(三)战略任务

1. 普及健康生活

从健康促进的源头入手,通过加强健康教育,提高全民健康素养,广泛开展全民健身运动,塑造自主自律的健康行为,引导群众形成合理膳食、适量运动、戒烟限酒、心理平衡的健康生活方式。

2. 优化健康服务

以妇女儿童、老年人、贫困人口、残疾人等为重点,从疾病预防和治疗两个层面采取措施，强化覆盖全民的公共卫生服务，加大慢性病和重大传染病防控力度，实施健康扶贫工程，创新医疗卫生服务供给模式，发挥中医治未病的独特优势，为群众提供更优质的健康服务。

3. 完善健康保障

通过健全全民医疗保障体系，深化公立医院、药品、医疗器械流通体制改革，降低价格，改善就医感受。加强各类医保制度整合衔接，改进医保管理服务体系，实现保障能力长期可持续。

4. 建设健康环境

针对影响健康的环境问题，开展大气、水、土壤等污染防治，加强食品药品安全监管，强化安全生产和职业病防治，促进道路交通安全，深入开展爱国卫生运动，建设健康城市和健康村镇，提高突发事件应急能力，最大限度减少外界因素对健康的影响。

5. 发展健康产业

区分基本和非基本，优化多元办医格局，推动非公立医疗机构向高水平、规模化方向发展。加强供给侧结构性改革，支持发展健康医疗旅游等健康服务新业态，积极发展健身休闲运动产业，提升医药产业发展水平，不断满足群众日益增长的多层次多样化健康需求。

二、老年人健康教育和疾病预防

老年人的健康和疾病问题是我国人口老龄化进程中的一个重要问题，提高健康水平有助于改善老年人生活质量，也有助于继续为社会创造财富，作出贡献。如何使老年人保持健康，防治老年人疾病，成为一个重要问题。

（一）健康教育

健康教育一般是指为了提高增进身心健康的自觉性，普及有关身心健康的知识而进行的指导教育。加强对老年人不同层次的自我保健教育，宣传卫生科学知识，增强自我保健能力，对于减少老年病的发生，提高老年人身体健康水平很有必要。

开展老年健身、老年保健、老年疾病防治与康复、科学文化、心理健康、职业技能、家庭理财等内容的教育活动。健全老年人身边的体育健身组织，丰富老年人身边的体育健身活动，支持老年人身边的体育健身赛事，建设老年人身边的体育健身设施，加强老年人身边的体育健身指导，弘扬老年人身边的健康文化。倡导积极健康的生活方式，提高老年人的健康水平和生活质量。面向全社会宣传倡导健康老龄化理念，营造老年友好的社会氛围。开展老年健康保健知识进社区、进家庭活动，针对老年人特点，开发老年健康教育教材，宣传适宜老年人的中医养生保健方法，加强老年人自救互救卫生应急技能训练。

在实践中，采取以下几种保健教育形式。一是举办老年保健讲座。通过请医生、专家等专业人士为老年人讲授养老保健知识、常见病的自我监护和防治、老年人用药须知、简易的推拿按摩等等。二是开展老年健康咨询。可以组织从事医疗保健的医务人员，结合当地实际情况为老年人进行保健咨询，也可以在医疗机构开设老年病咨询门诊，解答老年人有关健康、衰老和疾病等问题。三是利用新闻媒介，宣传老年保健知识，普及老年保健知识。开展多种形式的保健教育，增强老年人的自我保健意识，以预防和减少疾病的发生，使老年人延年益寿，安度晚年。

> 专栏　　　　　《中国老年人健康指南》
>
> 2013年9月26日，由全国老龄办和国家卫生计生委联合编写的《中国老年人健康指南》在北京发布，这是我国首部官方定制的老年人健康指南，涵盖了健康生活习惯、合理膳食规律、适量体育运动、良好心理状态、疾病自我控制、加强健康管理等六方面具体内容，着重倡导老年人在日常生活中要不断学习科学的健康知识，养成良好的健康生活习惯，有很强的实用性和可操作性。

（二）疾病预防

做好国家基本公共卫生服务项目中的老年人健康管理服务工作，适当调整老年人健康体检的项目和内容。推广老年跌倒、便秘、尿失禁、阿尔茨海默病等防治适宜技术，开展老年常见病、慢性病、口腔疾病的筛查干预和健康指导，做到老年疾病早发现、早诊断、早治疗，促进老年人功能健康。基层医疗卫生机构为辖区内65周岁以上老年人普遍建立健康档案，开展健康管理服务。到2020年65岁以上老年人健康管理率达到70%以上。指导老年人合理用药，减少不合理用药危害。面向老年人开展中医药健康管理服务项目。

推动开展老年人心理健康与关怀服务。启动老年人心理健康预防和干预计划，为贫困、空巢、失能、失智、计划生育特殊家庭和高龄独居老年人提供日常关怀和心理支持服务。加强对老年严重精神障碍患者的社区管理和康复治疗，鼓励老年人积极参与社会活动，促进老年人心理健康。

开展老年人中医药（民族医药）健康管理服务项目。扩大中医药健康管理服务项目的覆盖广度和服务深度，不断丰富老年人中医健康指导的内容。创新老年人中医特色健康管理，研究开发多元化多层次的中医药健康管理服务包。通过基本公共卫生服务项目为65岁以上老人提供中医体质辨识和中医保健指导服务。

三、健全老年医疗卫生服务体系

加强医疗卫生服务体系中服务老年人的功能建设，健全老年医疗卫生服务体系，提高服务质量和可及性。

（一）加强老年病科建设

加强老年康复医院、护理院、临终关怀机构和综合医院老年病科建设，为老年人提供"一站式服务"，提高综合医院为老年患者服务的能力。推动二级以上中医医院开设老年病科，增加老年病床数量，开展老年病、慢性病防治和康复护理，为老年人就医提供优先优惠服务。到2020年，35%以上的二级以上综合医院设立老年病科。

（二）基本公共卫生服务

推动基层医疗卫生机构积极开展老年人医疗、康复、护理、家庭病床等服务，提高老年人医疗卫生服务的可及性。强化基层医疗卫生服务网络功能，积极推广家庭医生签约服务，为老年人提供综合、连续、协同、规范的基本医疗和公共卫生服务。充分利用社区卫生服务体系，培育社会护理人员队伍，为居家老年人提供长期照护服务，为家庭成员提供照护培训，探索建立从居家、社区到专业机构的比较健全的长期照护服务供给体系。

鼓励为社区高龄、重病、失能、部分失能以及计划生育特殊家庭等行动不便或确有困难的老年人，提供定期体检、上门巡诊、家庭病床、社区护理、健康管理等基本服务。提高基层医疗卫生机构为居家老年人提供上门服务的能力，规范为居家老年人提供的医疗和护理服务项目，将符合规定的医疗费用纳入医保支付范围。

四、大力推进老年康复护理服务

公立医院资源丰富的地区可积极稳妥地将部分公立医院转为康复、老年护理等接续性医疗机构。鼓励新建以中医药健康养老为主的护理院。广泛开展偏瘫肢体综合训练、认知知觉功能康复训练等老年康复护理服务。提高基层医疗卫生机构康复、护理床位占比，鼓励其根据服务需求增设老年养护、临终关怀病床。

（一）积极举办老年护理服务机构

1. 护理中心

护理中心是独立设置的为失能、失智或长期卧床人员提供以日常护理照顾为主，辅以简单医疗措施，提高患者生存质量为基本功能的专业医疗机构。

护理中心不含医院内设的护理单元，也不包括按照护理院、护理站标准设置的护理机构。护理床位总数20张以上。

2017年10月30日，国家卫生计生委发布《护理中心基本标准（试行）》《护理中心管理规范（试行）》。

2. 康复医疗中心

康复医疗中心是独立设置的为慢性病、老年病以及疾病治疗后恢复期、慢性期康复患者提供医学康复服务，促进功能恢复或改善，或为身体功能（包括精神功能）障碍人员提供以功能锻炼为主，辅以基础医疗措施的基本康复诊断评定、康复医疗和残疾预防等康复服务，协助患者尽早恢复自理能力、回归家庭和社会的医疗机构。

康复医疗中心以接收经综合医院康复医学科或康复医院住院康复治疗后，病情处于稳定期或后遗症期，功能仍需要缓慢恢复或进一步稳定，虽不需要大量医疗护理照顾，但又不宜直接回归家庭的患者为主。

康复医疗中心不包括医疗机构内部设置的康复部门，也不包括以提供医疗康复为主的二、三级康复医院。提供住院康复医疗服务的，设置住院康复床位总数20张以上。不提供住院康复医疗服务的，可以不设住院康复病床。但应设置不少于10张的日间康复床。

2017年10月30日，国家卫生计生委发布《康复医疗中心基本标准（试行）》《康复医疗中心管理规范（试行）》。

3. 安宁疗护中心

安宁疗护中心是为疾病终末期患者在临终前通过控制痛苦和不

适症状，提供身体、心理、精神等方面的照护和人文关怀等服务，以提高生命质量，帮助患者舒适、安详、有尊严离世的医疗机构。床位总数应在50张以上。国家卫生计生委于2017年1月25日印发了《安宁疗护中心基本标准（试行）》和《安宁疗护中心管理规范（试行）》。

（二）老年护理服务发展工程

《全国护理事业发展规划（2016—2020年）》中提到，到2020年，争取支持每个地市设立一所护理院，完善老年护理相关设备设施配备。鼓励社会力量积极举办老年护理服务机构；加快制定老年护理服务相关指南和规范，鼓励老年护理服务机构、医养结合及安宁疗护机构等，依据指南和规范制定符合服务对象健康需求的护理措施；加快制定安宁疗护机构准入、服务规范、人才培养的有关政策，健全并完善相关机制，逐步提升安宁疗护服务能力。

五、加强相关科研工作和人才培养

（一）老年健康相关科研工作

加强老年健康相关科研工作。开展大型队列研究，研究判定与预测老年健康的指标、标准与方法，研发可穿戴老年人健康支持技术和设备。探索老年综合症和共病的发病过程与规律，研发综合防治适宜技术、指南和规范，构建老年健康管理网络。

加强对老年多发病的研究，降低老年人常见病的发病率、致残率和病死率，重视老年心理学和社会医学的研究，为老年人提供专业的、有针对性的医疗服务。特别是运用现代科学方法加强老年医学研究，建设老年病等临床医学数据示范中心。

（二）老年健康服务人员队伍建设

切实加强老年健康服务人员队伍建设，尽快培养一批有爱心、懂技术、会管理的老年人健康服务工作者。将老年医学、康复、护理人才作为急需紧缺人才纳入卫生计生人员培训规划，加强专业技能培训，大力推进养老护理从业人员职业技能鉴定工作。采取积极措施保障护理人员的合法权益，合理确定并逐步提高其工资待遇。支持高等院校和职业院校开设相关专业或课程，加快培养老年医学、康复、护理、营养、心理和社会工作等方面的专业人才。鼓励医养结合服务机构参与人才培养全过程，为学生实习和教师实践提供岗位。重点建设一批职业院校健康服务类与养老服务类示范专业点。

> **专栏**　　　　　　　　　　**阿尔茨海默病**
>
> 阿尔茨海默病（AD）是 1907 年 Alois Alzheimer 首先发现并以其姓氏命名的一种神经系统退行性疾病。临床上以大脑皮质获得性高级功能受损，即痴呆为主要特征，包括不同程度的记忆力、感觉能力、判断能力、思维能力、运动能力等受损，以及情感反应障碍和性格改变。

六、医疗卫生与养老服务相结合

随着我国失能、部分失能老年人口大幅增加，老年人的医疗卫生服务需求和生活照料需求叠加的趋势越来越明显，健康养老服务需求日益强劲，目前有限的医疗卫生和养老服务资源以及彼此相对独立的服务体系远远不能满足老年人的需要，迫切需要为老年人提供医疗卫生与养老相结合的服务。

（一）健全医疗卫生机构与养老服务机构合作机制

鼓励养老机构与周边的医疗卫生机构开展多种形式的协议合作，建立健全协作机制，本着互利互惠原则，明确双方责任。充分依托社区各类服务和信息网络平台，实现基层医疗卫生机构与社区养老服务机构的无缝对接。

医疗卫生机构为养老机构开通预约就诊绿色通道，为入住老年人提供医疗巡诊、健康管理、保健咨询、预约就诊、急诊急救、中医养生保健等服务，确保入住老年人能够得到及时有效的医疗救治。养老机构内设的具备条件的医疗机构可作为医院（含中医医院）收治老年人的后期康复护理场所。鼓励二级以上综合医院（含中医医院）与养老机构开展对口支援、合作共建。

通过建设医疗养老联合体等多种方式，整合医疗、康复、养老和护理资源，为老年人提供治疗期住院、康复期护理、稳定期生活照料以及临终关怀一体化的健康和养老服务。

（二）支持养老机构开展医疗服务

养老机构可根据服务需求和自身能力，按相关规定申请开办老年病医院、康复医院、护理院、中医医院、临终关怀机构等，也可内设医务室或护理站，提高养老机构提供基本医疗服务的能力。有条件的养老机构设置以老年病、慢性病防治为主的中医诊室。

（三）鼓励社会力量兴办医养结合机构

鼓励社会力量针对老年人健康养老需求，通过市场化运作方式，举办医养结合机构以及老年康复、老年护理等专业医疗机构。在制订医疗卫生和养老相关规划时，要给社会力量举办医养结合机构留出空间。按照"非禁即入"原则，凡符合规划条件和准入资质的，不得以任何理由加以限制。整合审批环节，明确并缩短审批时限，鼓励有条件的地方提供一站式便捷服务。通过特许经营、公建民营、民办公助等模式，支持社会力量举办非营利性医养结合机构。支持企业围绕老年人的预防保健、医疗卫生、康复护理、生活照料、精神慰藉等方面需求，积极开发安全有效的食品药品、康复辅具、日常照护、文化娱乐等老年人用品用具和服务产品。

（四）鼓励医疗卫生机构与养老服务融合发展

鼓励地方因地制宜，采取多种形式实现医疗卫生和养老服务融合发展。统筹医疗卫生与养老服务资源布局，重点加强老年病医院、康复医院、护理院、临终关怀机构建设。

七、积极推动老年健康产业发展

（一）积极发展老年健康产业

结合老年人身心特点，大力推动健康养生、健康体检、咨询管理、体质测定、体育健身、运动康复、医疗旅游等多样化健康服务。大力提升药品、医疗器械、康复辅助器具、保健用品、保健食品、老年健身产品等研发制造技术水平，扩大健康服务相关产业规模。

（二）发展智慧健康养老产业

推进信息技术支撑健康养老发展，发展智慧健康养老新业态。充分运用互联网、物联网、大数据等信息技术手段，创新健康养老服务模式，开展面向家庭、社区的智慧健康养老应用示范，提升健康养老服务覆盖率和质量效率。搭建智慧健康养老服务平台，对接各级医疗卫生及养老服务资源，建立老年健康动态监测机制，整合信息资源，实现信息共享，为老年人提供健康指导、慢病管理、安全监护等服务。推进医疗机构远程医疗建设，为机构养老人群提供便利服务。

2017年2月6日，工业和信息化部、民政部、国家卫生计生委印发了《智慧健康养老产业发展行动计划（2017—2020年）》。到2020年，我国基本形成覆盖全生命周期的智慧健康养老产业体系，建立100个以上智慧健康养老应用示范基地，培育100家以上具有示范引领作用的行业领军企业，打造一批智慧健康养老服务品牌。健康管理、居家养老等智慧健康养老服务基本普及，智慧健康养老服务质量效率显著提升。智慧健康养老产业发展环境不断完善，制定50项智慧健康养老产品和服务标准，信息安全保障能力大幅提升。为贯彻落实《智慧健康养老产业发展行动计划（2017—2020年）》（工信部联电子〔2017〕25号），推动智慧健康养老产业发展和应用推广，工业和信息化部、民政部、国家卫生计生委从2017年起组织开展了智慧健康养老应用试点示范工作。

第八章
老年人精神关爱

随着经济的不断发展和社会保障制度的完善，老年人物质需求逐渐满足，精神关爱需求日趋强烈。我国通过关注老年人精神需求、繁荣老年文化、发展老年教育、加强老年体育等措施，老年人精神关爱服务体系不断完善。

一、关注精神需求

（一）重视老年人精神方面需求

随着年龄的增长，老年人从生理上逐渐进入衰退期，身体状况每况愈下。不可避免的衰老让很多老年人变得忧心忡忡，心理素质也逐渐弱化。再加上由于刚性退休制度等体制原因，多数老年人逐渐由劳动角色转换为被供养角色，心理上难以适应社会角色和地位作用的急剧变化。这些会造成老年人心理失衡、情绪低落、抑郁消沉，出现交流、孤独和被社会抛弃感，严重的甚至会诱发身心疾病。对老年人的精神需要予以充分的关注、引导和合理满足，提高其精神生活质量，促进其整体生活质量的提高和幸福感的增强，能够弥补物质资源的相对不足，在一定程度上替代物质资源的保障功能，并增大现有物质资源的保障效用。

西方学者从 20 世纪 70 年代起就开始关注情感和心理支持对老

年人健康和生活质量的影响。在 20 世纪 80 年代初，西方一些较早进入老龄社会的福利国家，如丹麦、瑞典等，就基于自己的教训告诫世人，要反对养老中的唯设施主义，在为老年人提供基本生活保障的同时，更要重视对其精神需求的满足。

（二）健全老年人精神关爱网络

相较物质需求，精神需求的满足更需要外部力量的参与和支持，需要不断健全老年人精神关爱网络。

1. 赡养人的精神慰藉

研究表明，老年人从子女那里最想得到的不是金钱、物质，而是亲情。在满足老年人精神需求方面，子女的精神抚慰是最有效的，也是老年人最渴求的。

《中华人民共和国老年人权益保障法》第十八条规定："家庭成员应当关心老年人的精神需求，不得忽视、冷落老年人。与老年人分开居住的家庭成员，应当经常看望或者问候老年人。"这里对赡养人的精神慰藉义务进行了充实和细化，具有很强的现实针对性。这里的"家庭成员"，主要指老年人的子女和孙子女、外孙子女。问候，可以是一个电话、一封信件、一张贺卡等等。

对于"常回家看看"是否应当写入新修订的《中华人民共和国老年人权益保障法》，在社会上曾有较大的争议。反对者认为，将不具有可操作性的道德要求规定为法律义务，会损害法律的权威性；法律不是万能的，即使"常回家看看"能够强制执行，效果也不会太好。支持者认为，老年人的精神需求得不到关注的现象需要在法律上予以回应；老年人权益保障法具有鲜明的社会法属性，在其中加入"常回家看看"之类的伦理道德要求无损法律的权威性，更多体现了法律的倡导、指引和教育功能，对于弘扬中华民族敬老孝老传统美德具有重要作用。

最终，后一种观点被采纳，规定"与老年人分开居住的家庭成员，应当经常看望或者问候老年人"。以此表明国家提倡和鼓励家庭成员经常看望或者问候老年人，并将出台政策措施为此创造条件，提供支持和保障。

2. 职工的探亲休假、护理假权

根据1981年3月6日第五届全国人民代表大会常务委员会第十七次会议批准、1981年3月14日国务院公布施行的《国务院关于职工探亲待遇的规定》，在国家机关、人民团体和全民所有制企业、事业单位工作满一年的固定职工，与配偶不住在一起，又不能在公休假日团聚的，可以享受探望配偶的待遇；与父亲、母亲都不住在一起，又不能在公休假日团聚的，可以享受探望父母的待遇，具体如下：(1)职工探望配偶的，每年给予一方探亲假一次，假期为三十天。(2)未婚职工探望父母，原则上每年给假一次，假期为二十天。如果因为工作需要，本单位当年不能给予假期，或者职工自愿两年探亲一次的，可以两年给假一次，假期为四十五天。(3)已婚职工探望父母的，每四年给假一次，假期为二十天。上述假期包括公休假日和法定节日在内。

我国已有多个省份建立了独生子女（子女）护理（陪护）假制度。截至2019年初，河南、湖北、广东等14个省已落实独生子女（子女）护理（陪护）假制度。《广西壮族自治区实施〈中华人民共和国老年人权益保障法〉办法》规定，独生子女父母年满60周岁的，患病住院期间，用人单位应当给予其子女每年累计不超过15日的护理假。护理期间的工资、津贴、补贴和奖金，其用人单位不得扣减。《黑龙江省老年人权益保障条例》规定，老年人患病住院期间，子女所在单位应当给予其陪护假，独生子女的陪护假每年累计20日，非独生子女的陪护假每年累计10日，陪护期间工资福利待遇不变。

3. 专业心理慰藉服务

依据《GB/T 33168—2016 社区老年人日间照料中心服务基本要求》，心理慰藉服务宜包括沟通、情绪疏导、心理咨询、危机干预等内容。心理慰藉服务宜由心理咨询师、社会工作者等专业人员提供。

《"十三五"国家老龄事业发展和养老体系建设规划》指出，要加强老年人精神关爱。健全老年人精神关爱、心理疏导、危机干预服务网络，督促家庭成员加强对老年人的情感关怀和心理沟通；依托专业精神卫生机构和社会工作服务机构、专业心理工作者和社会工作者开展老年心理健康服务试点，为老年人提供心理关怀和精神关爱。支持企事业单位、社会组织、志愿者等社会力量开展形式多样的老年人关爱活动。鼓励城乡社区为老年人精神关爱提供活动场地、工作条件等支持。

（三）农村留守老年人关爱服务

农村留守老年人问题是我国工业化、城镇化、市场化和经济社会发展的阶段性问题，是城乡发展不均衡、公共服务不均等、社会保障不完善等问题的深刻反映。农村留守老年人关爱服务是农村养老服务体系的重要组成部分。关爱服务体系的完善关乎广大农村留守老年人的晚年幸福生活，关系到脱贫攻坚的目标实现，关系到社会和谐稳定和全面建成小康社会大局。

党中央、国务院高度重视农村留守老年人关爱服务工作。党的十八届三中全会提出要"健全农村留守儿童、妇女、老年人关爱服务体系"；2016年国务院政府工作报告提出要"加强农村留守儿童和妇女、老人的关爱服务"；党的十九大报告明确要求加快建立健全农村留守老年人关爱服务体系。

2017年12月28日，民政部、公安部、司法部、财政部、人力资源社会保障部、文化部、卫生计生委、国务院扶贫办、全国老龄办等9个部门联合印发了《关于加强农村留守老年人关爱服务工作的意见》（民发〔2017〕193号，以下简称《意见》）。《意见》提出："力争到2020年，农村留守老年人关爱服务工作机制和基本制度全面建立，关爱服务体系初步形成，关爱服务普遍开展，养老、孝老、敬老的乡村社会氛围更加浓厚,农村贫困留守老年人全部脱贫。"《意见》还突出强化家庭在留守老年人赡养与关爱服务中的主体责任,强调发挥村民委员会在留守老年人关爱服务中的权益保障作用,明确发挥为老组织和设施在留守老年人关爱服务中的独特作用,支持促进社会力量广泛参与留守老年人关爱服务,加强政府部门对留守老年人关爱服务的支持保障。

二、繁荣老年文化

加强老年文化建设,是推动社会主义文化大发展大繁荣的内在要求,是积极应对人口老龄化的重要举措,是保障老年人文化权益的迫切需要。老年文化建设以保障老年人基本文化权益、满足老年人日益增长的精神文化需求为出发点和落脚点;以增强全社会积极老龄化意识、优化老年文化建设发展环境为重要支撑;以老年人广泛参与的文化创建活动和丰富多彩的老年文化产品为主要载体,促进老年文化建设实现新跨越、新发展。

2012年9月,为加强老年文化建设,全国老龄办等16部门下发了《关于进一步加强老年文化建设的意见》(全国老龄办发〔2012〕60号),就加强老年文化建设作出部署,提出要求。

(一)发挥公共文化为老服务功能

1. 加强老年人文化活动基础设施建设

充分考虑人口老龄化发展趋势和老年宜居环境的要求,将老年文化建设纳入基本公共文化服务体系和城乡规划。以公共财政为支撑,按照城市文化活动设施用地和老年人设施规划标准,遵循公益性、基本性、均等性、便利性的要求,加快老年文化设施建设。推动跨部门项目合作,实现统筹规划、资源整合和共建共享。增强基层公共文化设施的适老功能,努力提高基本公共文化服务均等化的可及性。新建或改造老年人文化活动设施，要符合涉老工程建设标准和无障碍设施建设标准。根据老年人生理特点和特殊需求，配备适合老年人的文化用品和用具，为老年人参加文化体育活动提供便利。进一步加强参观游览场所、宾馆饭店、餐饮企业、公共交通的老年服务设施、设备建设。国家重点文化惠民工程项目要为老年人提供必要的服务内容和参与条件。

2. 加大老年人公共文化服务供给

各级各类博物馆、美术馆、科技馆、纪念馆、公共图书馆、文化馆等公共文化服务设施，向老年人免费或优惠开放；鼓励影剧院、体育场馆、公园、旅游景点等公共场所为老年人提供优惠票价；减免老年人参观文物建筑及遗址类博物馆的门票。老年人免费享有健身技能指导、参加健身活动、获取科学健身知识等全民健康服务。有条件的公共文化设施可以根据服务区域老年人口规模和需要，开辟适宜老年人文化娱乐的活动场所，适当增加面向老年人的特色文化服务项目。有关部门的内部老年活动场所要创造条件，争取向社会开放，吸引更多老年人参加活动。各类公共场所要因地制宜为老年人开展文化活动提供便利。

3. 加快城乡老年文化建设一体化发展

合理配置城乡文化资源，公共文化资源要更多向农村和中西部、贫困地区倾斜，增加农村文化服务供给，缩小城乡文化发展差距。扩大文化信息资源共享、农村电影放映、农家书屋建设等文化工程在农村老年人中的覆盖率，支持和帮助农村老年人参与文化活动。鼓励文化单位面向农村提供流动服务和网点服务，扶持文化企业加强基层和农村文化网点建设，支持演艺团体深入农村举行演出。文化科技卫生"三下乡""送欢乐下基层"等活动要关注农村老年人文化需求，适当安排面向农村老年人的专题专场。各级宣传文化部门和工、青、妇等群团组织要广泛开展志愿文化服务活动，为农村空巢、失能、留守老年人和老年妇女等特殊困难群体提供公益文化服务，进行精神慰藉和心理疏导。

（二）开展老年人特色文化活动

1. 深入开展宣传思想文化活动

老年文化建设要按照宣传思想文化工作的统一要求，坚持弘扬主旋律、提倡多样化，以科学的理论武装人，以正确的舆论引导人，以高尚的精神塑造人，以优秀的作品鼓舞人。深入开展社会主义荣辱观宣传教育，积极探索用社会主义核心价值体系引领社会思潮的有效途径。根据老年人特点，把宣传思想工作与开展健康有益的文化体育活动结合起来，与帮助老年人解决思想和实际问题结合起来，做到寓教于乐。要发挥基层党组织的战斗堡垒作用和基层老年人协会的自我教育功能，发挥老党员和离退休老干部、老战士、老专家、老教师和老劳模等群体的先锋模范和带动辐射作用，做好新形势下老年人思想工作，坚定广大老年人建设中国特色社会主义的理想信念，增强对改革开放和现代化建设的信心，引导老年人自觉贯彻执行党的路线、方针、政策，发挥老年人在优秀传统文化和思想道德建设中的重要传承作用。

2. 着力推进品牌老年文化活动

不断提高老年文化活动的品牌意识，继续开展和推出一批主题活动、系列活动、精品活动。老龄部门要继续深入开展全国"敬老月"活动和"敬老文明号"创建活动，举办老年文化艺术节，为老年人提供更多精神文化产品；推进"银龄行动"，鼓励老年人继续参与经济社会发展。文化部门要举办好"中国老年合唱节""群星奖"评选等大型群众性文艺活动，支持老年文化团体开展活动，为老年人参与文化活动搭建平台。体育部门要办好全国性和区域性老年人体育健身大会，不断创新适合老年人特点的体育健身项目和方法，广泛开展经常性的老年人体育健身活动。民政部门在城市社会福利院、农村敬老院、老年公寓、日间照料中心、托老所等养老服务机构管理中，对老年文化建设的基础设施、活动内容、服务方式等要作出相应规定。各级妇联继续开展"巾帼助老行动"，在"巾帼社区服务工程"中拓展老年文化活动内容，有条件的地方可开设老年妇女活动中心、老年妇女课堂和老年妇女咨询热线，为广大老年妇女办实事、解难事。进一步抓好军队干休所文化活动中心建设，组织离退休干部开展健康有益的文化活动，丰富离退休干部的文化生活。

3. 广泛开展群众性老年文化活动

立足基层社区，坚持小型分散与相对集中相结合，坚持活动内容广泛性与活动形式多样性相结合，在开展社区文化、村镇文化、校园文化、家庭文化等群众性文化活动中，组织面向老年人的文化活动。各级文化馆和各类老年活动中心、文化广场、老年人协会活动站作为主要活动场所，要组织开展老年人读书、健身、上网等活动，对老年人自发、健康的文化娱乐健身活动给予支持和指导。有条件的场馆可组织老年人定期开展文化讲座和文化活动，对老年人相对集中的单位和机构提供送书上门等服务。各级艺术表演团体要把为老年人演出纳入工作计划，在重大节日活动中优先为老年人安排演出慰问活动并形成制度。

（三）推动老年文化产品创作

适应时代的发展变化，与健全公共文化服务体系有机结合，大力提高老年文化产品和服务的供给能力。宣传、文化、广播影视、新闻出版等部门要把老年题材纳入文学艺术创作，舞台艺术生产，电影和电视剧制作，报刊、图书、音像电子与网络出版计划。重点规划、扶持一批体现老年主题的创作项目和文化工程，着力打造一批思想性、艺术性和观赏性相统一，深受老年群众喜爱的优秀文化作品。引导老年网络文化发展，制作适合互联网和手机等新兴媒体传播的优秀老年文化作品，运用现代科学技术增强老年文化的吸引力、感染力。

三、发展老年教育

受教育权是一项基本人权。《维也纳老龄问题国际行动计划》强调,"作为一项基本人权,提供教育必须避免对年长者的歧视"。世界上较早进入老龄社会的国家和地区普遍出台终身教育、老年教育领域法律法规,并将老年教育政策作为重要的社会政策。许多国家通过兴办第三年龄大学、推动社区老年人互助学习、倡导老年人利用网络自主学习等多种形式发展老年教育。

《中华人民共和国老年人权益保障法》第七十一条规定,"老年人有继续受教育的权利。国家发展老年教育,把老年教育纳入终身教育体系,鼓励社会办好各类老年学校。各级人民政府对老年教育应当加强领导,统一规划,加大投入"。这一规定为我国老年教育事业发展指明了方向,提供了法律保障。

> **专栏**　　　　　　　　　**老年教育**
>
> 　　老年教育是为了让老年人继续学习而进行的教育活动,是适应人从幼儿、少年、青年、成年直到老年这一发展过程中所进行的终身教育的重要组成部分。老年教育有其自身的特殊性,属于社会文化和社会生活的教育,内容广泛形式多样,通过老有所学,使老年人生活得更丰富,更愉快,更有意义。我国的老年教育是以提高老年人思想道德和科学文化素质,使受教育者"增长知识、丰富生活、陶冶情操、增进健康、服务社会"为目的所实施的非学历的老年人学校教育和其他形式的老年教育活动。

《国务院办公厅关于印发老年教育发展规划(2016—2020年)的通知》(国办发〔2016〕74号)明确了扩大老年教育资源供给、拓展老年教育发展路径、加强老年教育支持服务、创新老年教育发展机制、促进老年教育可持续发展5项主要任务。

（一）扩大老年教育资源供给

1. 优先发展城乡社区老年教育

完善基层社区老年教育服务体系，整合利用现有的社区教育机构、县级职教中心、乡镇成人文化技术学校等教育资源，以及群众艺术馆、文化馆、体育场、社区文化活动中心（文化活动室）、社区科普学校等，开展老年教育活动。建立健全"县（市、区）—乡镇（街道）—村（居委会）"三级社区老年教育网络，方便老年人就近学习。发展农村社区老年教育，有效整合乡村教育文化资源，以村民喜爱的形式开展适应农村老年人需求的教育活动。加强对农村散居、独居老人的教育服务。推进城乡老年教育对口支援，鼓励发达地区以建立分校或办学点、选送教师、配送学习资源、提供人员培训等方式，为边远地区和农村社区老年教育提供支援。

2. 促进各级各类学校开展老年教育

推动各级各类学校向区域内老年人开放场地、图书馆、设施设备等资源，为他们便利化学习提供支持，积极接收有学习需求的老年人入校学习。探索院校利用自身教育资源举办老年教育（学校）的模式。推动普通高校和职业院校面向老年人提供课程资源，特别是艺术类、医药卫生类、师范类院校和开设有养生保健、文化艺术、信息技术、家政服务、社会工作、医疗护理、园艺花卉、传统工艺等专业的职业院校，应结合学校特色开发老年教育课程，为社区、老年教育机构及养老服务机构等积极提供支持服务，共享课程与教学资源。推动开放大学和广播电视大学举办"老年开放大学"或"网上老年大学"，并延伸至乡镇（街道）、城乡社区，建立老年学习网点。

3. 推动老年大学面向社会办学

部门、行业企业、高校等举办的老年大学要树立新的办学理念，积极创造条件，采取多种形式，提高办学开放度，逐步从服务本单位、本系统离退休职工向服务社会老年人转变。省、市两级老年大学在开展教育教学工作的同时，要在办学模式示范、教学业务指导、课程资源开发等方面对区域内老年教育发挥带动和引领作用，将老年大学集聚的教育资源向基层和社区辐射。加强老年大学与社会教育机构的合作，组建老年教育联盟（集团）。

（二）拓展老年教育发展路径

1. 丰富老年教育内容和形式

积极开展老年人思想道德、科学文化、养生保健、心理健康、职业技能、法律法规、家庭理财、闲暇生活、代际沟通、生命尊严等方面的教育，帮助老年人提高生活品质，实现人生价值。创新教学方法，将课堂学习和各类文化活动相结合，积极探索体验式学习、远程学习、在线学习等模式，引导开展读书、讲座、参观、展演、游学、志愿服务等多种形式的老年教育活动。鼓励老年人自主学习，支持建立不同类型的学习团队。

2. 探索养教结合新模式

整合利用社区居家养老资源，在社区老年人日间照料中心、托老所等各类社区居家养老场所内，开展形式多样的老年教育。积极探索在老年养护院、城市社会福利院、农村敬老院等养老服务机构中设立固定的学习场所，配备教学设施设备，通过开设课程、举办讲座、展示学习成果等形式，推进养教一体化，推动老年教育融入养老服务体系，丰富住养老人的精神文化生活。关注失能失智及盲聋等特殊老人群体，提供康复教育一体化服务。

3. 积极开发老年人力资源

用好老年人这一宝贵财富，充分发挥老年人的智力优势、经验优势、技能优势，为其参与经济社会活动搭建平台、提供教育支持。发挥老年人在传承中华优秀传统文化、引导全社会特别是青少年培育和践行社会主义核心价值观等方面的积极作用，彰显长者风范。鼓励老年人利用所学所长，在科学普及、环境保护、社区服务、治安维稳等方面积极服务社会、奉献社会。

（三）加强老年教育支持服务

1. 运用信息技术服务老年教育

加强数字化学习资源跨区域、跨部门共建共享，开展对现有老年教育课程的数字化改造，开发适合老年人远程学习的数字化资源。通过互联网、数字电视等渠道，加强优质老年学习资源对农村、边远、贫困、民族地区的辐射。推动信息技术融入老年教育教学全过程，推进线上线下一体化教学，支持老年人网上学习。运用信息化手段，为老年人提供导学服务、个性化学习推荐等学习支持。

2. 整合文化体育科技资源服务老年教育

推动美术馆、图书馆、文化馆（站、中心）、科技馆、博物馆、纪念馆、公共体育设施、爱国主义示范基地、科普教育基地等向老年人免费开放。鼓励有条件的地区发挥文化、教育、体育、科技等资源优势，结合区域实际，建设不同主题、富有特色的老年教育学习体验基地。充分发挥广播电视、报刊杂志、门户网站等媒体作用，开设贴近老年人生活的专栏专题。

（四）创新老年教育发展机制

1. 鼓励社会力量参与老年教育

充分激发市场活力，推进举办主体、资金筹措渠道的多元化，通过政府购买服务、项目合作等多种方式，支持和鼓励各类社会力量通过独资、合资、合作等形式举办或参与老年教育。运用市场机制调节供需关系，进一步优化老年教育的市场结构、内容和布局。加强规划指导和外部监管，营造平等参与、公平竞争的市场环境。充分发挥社会组织在老年教育中的作用，鼓励其通过提供师资、开发课程等方式支持开展老年教育。支持老年教育领域社会组织和老年志愿服务团队发展。

2. 促进老年教育与相关产业联动

扩大老年教育消费，发掘与老年教育密切相关的养老服务、旅游、服装服饰、文化等产业价值，促进生活性服务业提档升级，拉动内需，推动投资增长和相关产业发展。

（五）促进老年教育可持续发展

1. 加强学科建设与人才培养培训

鼓励综合类高校、师范类院校、职业院校开设老年教育相关专业，其他高校也要加强老年教育相关专业建设。支持有条件的高校开展老年教育方向的研究生教育，加快培养老年教育教学、科研和管理人才。鼓励老年教育机构的专任教师和管理人员在职进修老年教育专业课程，攻读相关专业学位。

2. 加强理论与政策研究

依托有关高校、科研院所、老年教育机构等建立若干个老年教育研究基地，开展老年教育基础理论研究、政策研究和应用研究，探讨和解决老年教育发展中的重大理论和实践问题。加强老年教育学术期刊建设，搭建优秀成果共享和推广平台。鼓励社会组织开展老年教育优秀研究成果交流活动。

3. 加强国际交流合作

积极参与有关国际教育组织的活动，加强与国外老年教育机构的交流与合作，借鉴国外老年教育先进理念和做法，宣传推广我国发展老年教育的经验与成果，扩大我国老年教育的国际影响力。

四、加强老年体育

体育健身活动是积极应对人口老龄化的便捷、经济、有效方式，也是老年人保持健康、延缓衰老的理想途径。新形势下老年人体育工作的根本任务是增强老年人体质、提高健康水平、丰富精神文化生活。老年体育工作以加强体育场地设施建设为基础,以完善体育组织网络为依托,以开展体育健身活动为手段,实现老年人体育工作有组织、有人员、有阵地、有经费,并确保持续健康发展。2015年9月30日,体育总局等12部门印发《关于进一步加强新形势下老年人体育工作的意见》(体群字〔2015〕155号),就进一步加强新时期老年人体育工作作出了部署。

(一)健全老年人体育组织网络

以"重在基层,面向全体"为工作方针,鼓励发展多种类型的老年人体育组织,满足老年人的不同健身需要。鼓励、支持老年人体育组织自上而下延伸。县以上地区都要在民政部门依法登记成立老年人体育协会。在街道和乡镇普遍建立老年人基层体育组织,在城乡社区广泛建立老年人健身活动站点和体育健身团队,逐步形成并完善老年人体育组织网络。加强对老年人体育组织的服务和引导,按照政社分开、管办分离的原则,切实帮助解决人、财、物和科学健身指导等方面的问题,提供办公和开展体育健身活动保障,保持人员队伍的稳定和活力,使老年人体育组织有人想事、管事、做事。

加强老年人体育工作骨干队伍建设。有计划、有针对性地培训建立服务老年人的社会体育指导员等志愿者队伍,不断提高其思想道德素质和服务能力,并充实到各级各类老年人体育组织;加强老年人体育健身项目教练员、裁判员队伍建设,并对符合条件的颁发资格证书;规范并加快培养服务老年人的职业社会体育指导员等从业人员,鼓励街道、乡镇聘用体育专业人才从事老年人体育健身服务工作,并与其他涉老组织在人员上统筹安排。

(二)加强场地设施建设和使用

根据《公共文化体育设施条例》,将适合老年人体育健身的场地设施纳入体育健身圈建设内容。不断健全适合老年人体育健身的场地设施设计和施工规范以及技术要求等标准。按照均衡配置、规模适当、功能优先、经济适用、节能环保的原则，根据当地经济发展状况、老年人数量和分布、地域特点以及体育健身习惯等因素，将适合老年人体育健身的场地设施建设纳入规划，因地制宜地与其他服务老年人的场地设施建设项目统筹安排。

拓宽适合老年人体育健身的场地设施建设和运行管理的投融资渠道，将适合老年人体育健身的基本公共体育场地设施建设列入各级政府财政预算和投资计划。集中使用彩票公益金支持体育事业专项资金要充分考虑老年人体育健身的需求，并加大对经济欠发达地区的支持力度。使用彩票公益金建设的"全民健身工程"要统筹考虑老年人体育健身功能，配置老年人喜爱、适用面广、便捷实用、健身效果显著的体育器材；要充分利用现有公共设施，在公园、广场、绿地及城市空置场所等建设适合老年人体育健身的场地设施，为老年人提供广场舞活动场地。做好电源、夜间照明等基础配套设施，有条件的配置移动音箱等器材设备；要盘活存量资源，改造旧厂房、仓库、老旧商业设施等用于老年人体育健身。对现有公共体育健身场地设施进行无障碍或者适老性改造。有条件的乡镇（街道）综合文化站要建设室外体育健身场地，配备适合老年人开展文体活动的器材和设备；鼓励、支持企事业单位、社会组织、个人捐赠和赞助，要鼓励政府和社会资本通过PPP模式，积极兴办适合老年人体育健身的场地设施。

要通过财政补助、政府购买服务等方式，支持公共和民办体育场地设施免费低收费向老年人开放。不断健全运营管理和服务标准体系，规范服务项目和服务流程，提高服务水平，并按照国家有关规定，争取对适合老年人体育健身的非营利性场地设施减免费用；整合资源，加强社区公共体育场地设施与社区综合服务设施及社区卫生、文化、养老等社区专项服务设施的功能衔接，提高使用率，发挥综合效益。机关、企事业单位和社会团体内部的体育场地设施要为老年人参加体育健身活动提供便利和服务。公园、广场、绿地等公共场所要为老年人体育健身活动站点和体育健身团队开展活动创造条件。已有的老年人体育健身活动场地设施不得擅自改变用途，并加强管理和维护，确保其功能完好、使用安全，不被侵占、破坏。

（三）开展老年人体育健身活动

体育部门要支持、指导老年人体育组织利用全民健身日、节假日、纪念日、庆典日，按照"经常自愿、重在参与、就地就近、小型多样、文体结合、科学文明、有益健康"的原则，因时、因人、因地制宜地动员、组织老年人举办社区运动会、家庭运动会、楼群运动会等活动，开展体育表演展示交流。突出参与性、健身性、娱乐性、趣味性和多样性，不断创新活动方式，打造具有地方特色的老年人品牌活动。引导老年人选择一项活动、加入一个团队、享受一种快乐、收获一份健康，推动老年人经常性体育健身活动广泛深入地开展，使老年人体育健身活动常态化。

积极为老年人开展体育赛事活动提供服务保障，并通过市场机制引入社会力量承办赛事。定期举办全国性和区域性老年人体育健身活动，并逐步形成传统和制度，使之成为具有示范性的全民健身活动；积极引导老年人健康、文明、有序地开展广场舞活动，将广场舞纳入文化、体育部门的重要工作内容，采取划片指导、结对帮扶、公益培训、展演展示等多种方式，探索规范老年人广场舞活动的模式；举办老年人体育活动要坚持"安全第一"和"重在参与、重在健康、重在交流、重在快乐"的原则，有条件的要购买运动伤害类保险，做好人身安全防范工作；体育部门要建立老年人体育健身志愿服务长效化工作机制，结合开展"三关爱"志愿服务活动，广泛组织社会体育指导员、体育科技工作者、体育院校师生、体育运动队等到基层为老年人送服务、送温暖、送健康，并加强对空巢老人、残障老人的体育健身服务。

加强老年人体育健身方法的研究和体育健身活动的指导。举办体育健身培训讲座和健身指导咨询等，普及体育健身知识、传授体育健身技能。不断挖掘整理、普及推广适合老年人特点，简便易行，科学、文明、有效的体育健身方法。根据老年人需求特点创编具有文化艺术内涵、体现科学健身理念、符合群众审美特点的广场舞作品。开展原创作品征集评选，特别是保健娱乐类项目，满足不同年龄、性别、爱好和健康程度老年人体育健身的多样化需要。要引导、支持老年人体育组织培育形成具有民族、民间传统特色的体育健身项目和示范队伍，推动老年人体育健身项目的传承和普及发展。

第九章
老年人社会参与

老年人既有生存性需要，也有发展性需要，老年人的发展性需要只有通过参与社会发展才能得到满足。同时，老年人的政治、经济、文化、社会权利也必须通过充分融合和参与社会发展来实现。

一、我国老年人社会参与取得的主要成就

（一）老年人社会参与工作逐步加强

党中央国务院高度重视老龄工作，重视老年人社会参与，积极推进老年人社会参与工作的总体部署及顶层设计。2016年5月27日，习近平总书记在中央政治局第三十二次集体学习时的重要讲话强调要着力发挥老年人的积极作用，要发挥老年人优良品行在家庭教育中的潜移默化作用和对社会成员的言传身教作用，发挥老年人在化解社会矛盾、维护社会稳定中的经验优势和威望优势，发挥老年人对年轻人的传帮带作用。

新修订的《中华人民共和国老年人权益保障法》明确规定："国家应当为老年人参与社会主义物质文明和精神文明建设创造条件"，为老年人参与社会提供了法律保障。《国务院关于加快发展养老服务业的若干意见》指出，要"支持老年群众组织开展自我管理、自我服务和社会活动"，为老年人参与社会活动提供了指导。《中共中央、国

务院关于加强和完善城乡社区治理的意见》指出，鼓励和支持建立社区老年协会，搭建老年人参与社区治理的平台。

《"十三五"国家老龄事业发展和养老体系建设规划》"老年人社会参与"专章规定，从培育积极老龄观、加强老年人力资源开发、开展老年志愿服务、引导基层老年社会组织规范发展等方面营造老年社会参与环境。《老年教育发展规划（2016—2020年）》对加快发展老年教育、扩大老年教育供给、创新老年教育体制机制、提升老年教育现代化水平做出的部署，对拓展社会力量参与的深度和广度具有重要意义。

全国老龄办相继下发的《加强基层老年协会建设的意见》《基层老年协会建设'乐龄工程'实施方案》和《村（居）老年协会章程（示范文本）》，对拓宽老年人社会参与渠道，扩大老年人社会参与范围都起到了极大的促进作用，使老年社会参与更加规范。《全国老龄办、民政部关于进一步加强城乡社区老年协会建设的通知》在搭建老年人社会参与平台方面更是提出了具体要求。

（二）老年社会参与平台和人数迅速扩大

社区老年协会是老年人参与社会的主要平台。党的十八大以来，老年人参与社会的主要平台和人数迅速扩大。截止到"十二五"末，城乡社区老年协会已经达到了55.4万个，覆盖率达到81.9%，其中，城市社区老年协会80436个，建会率85.79%；农村老年协会468438个，建会率82.1%。对比发现，"十二五"时期老年协会规模比"十一五"期间多了15.3万个，增长38.15%。

老年文化机构是老年人参与社会的另一个舞台。截止到"十二五"末，全国共有老年学校7.63万个，群众文化机构举办的老年大学705所。

老年志愿活动是老年人参与社会的又一平台。其中，"银龄行动"为老年人参与社会发展提供了重要平台，满足了老年人继续服务社会、回报社会的愿望，使老年人真正参与到经济社会发展中，实现了老有所为。

（三）老年人社会参与度稳步提升

据第四次中国城乡老年人生活状况抽样调查显示，从全国来看，45%的老年人通过公益活动，参与社会。在老年人参加的公益活动组织中，以文化娱乐组织为主。城乡社区老年人主要通过老年协会组织的活动以及社区选举、邻里互助参与社会。

二、老年人社会参与的主要领域

（一）参与经济生活

1. 提供咨询服务

咨询是指通过某些人头脑中所储备的知识经验和通过对各种信息资料的综合加工而进行的综合性研究开发。咨询产生智力劳动的综合效益，起着为决策者充当顾问、参谋和外脑的作用。不同行业和职业的老年人，积累了丰富的专业知识、管理经验和业务技能等，可以从事不同的咨询。如老科技工作者、老教授、老医生等，可以通过参与决策论证和科技咨询活动参与社会。总之，各行各业各系统各单位，不管是决策还是设计，是生产还是经营管理，是科技开发还是应用，都需要老干部、老专家、老科技工作者乃至有技术、有经验的老工人出主意、提建议。

2. 依法参与科技开发与应用

由于科技开发和应用涉及科技成果的归属和权利的转让，涉及发明专利和技术秘密，必须按照专利法、技术合同法等有关法律的规定开展。在依法从事的前提下，老科技工作者可以利用自己的专长，为原单位或其他单位进行科学研究、科技咨询、科技开发和推广应用。

3. 依法从事经营和生产劳动

依法继续参加生产劳动是老年人参与社会发展的主战场。在农村，大量低龄健康老年人，仍然活跃在生产第一线，从事种养殖、农副产品加工等生产劳动。在城镇，退休老年人大多来自各机关、各团体、各企事业单位，在法律、法规和政策允许的范围内从事修理业、服务业、经营零售业、开办企业等。

（二）参与政治生活

1. 老年人的政治权利

老年人的政治权利是指老年人可以通过各种法定的途径和形式管理国家事务、管理经济文化事务、管理社会事务，对国家机关和工作人员进行监督的权利。参加国家政治生活是宪法赋予所有公民的权利。老年人虽已离退休或者退出了生产劳动岗位，但仍然是国家的主人，仍然有权参与政治生活，享有政治权利。任何组织和个人都不得限制、干涉老年人享有参加政治活动和社会活动的权利。

根据宪法和法律规定，老年人享有的政治权利主要有：选举权和被选举权；言论、出版、集会、结社、游行、示威的自由；对任何国家机关和国家工作人员，有提出批评和建议的权利；对于任何国家机关和国家工作人员的违法失职行为，有申诉、控告或者检举的权利；因国家机关和国家机关工作人员侵犯自己的合法权利而受到损失时，有依法取得赔偿的权利。

2. 参与政治生活的途径

老年人参与政治生活的途径与中青年群体有一定的区别。中青年群体主要是以与职业相联系的方式参与政治生活，而老年人则更多的是直接参加社会性的政治活动。具体来说，老年人主要通过两种途径参与政治活动。

一是通过老年社会组织参与政治活动。相对于中青年群体而言，老年人在生理、社会生活能力和经济地位方面都是比较脆弱的，因此他们需要一定的社会组织来反映和代表他们的意愿。从发达国家老年人政治地位的争取和作用发挥的过程看，老年人一般采取组织化的途径来实现自己的利益诉求。我国近年来在城乡基层社区普遍建立了老年协会，在组织引导老年人参与社会发展和维护老年人权益等方面产生了良好效果，显示出旺盛的生命力。通过基层老年协会，广大老年人可以参政议政、给基层政府提建议，为老龄事业发展献计献策。

二是直接参加政治活动。现代社会的老年公民，大多数人在健康允许的情况下很愿意参加政治选举、借助于媒体参与对政府公共事务的监督和提出个人的意见和建议。在我国，越来越多老年人的民主意识和法制观念达到了相当高水平，他们关心和积极参与公共事务。这是一种强大的力量，如果应用得当，可以发挥很好的作用，成为积极的社会政治资源。

（三）参与文化生活

老年人参与文化生活，按照目的和功能不同。可以划分为价值发挥型参与和休闲型参与。价值发挥型参与主要指老年人作为文化生产和创作的主体，为文化发展再作贡献的参与。休闲型参与主要指老年人作为文化消费的主体，为愉悦身心、丰富精神文化生活而进行的参与。

1. 开展关心下一代活动

青少年和儿童是祖国的未来，处于智力发育和价值观、世界观、人生观形成的过程中。培养和教育他们健康成长，人人都成为国家的有用之才，不仅是学校、家庭和社会的责任，也是老年人的责任。人类社会的发展和进步，优良传统的继承和发扬，依靠的就是代代相传，而老年人起着不可替代的作用。当代的老年人在几十年的革命、建设和改革开放历程中，形成了对社会主义事业的坚定信念，对党和国家的深厚感情，党性观念和集体观念强，具有艰苦奋斗和勤俭节约的优良传统。同时，老年人对青少年和儿童不管是在家庭中还是在社会上都最关心、最爱护，寄予的希望也最大。因此，充分调动老年人的积极性和力量，对青少年和儿童进行社会主义、爱国主义、集体主义教育和艰苦奋斗等优良传统教育，不仅是必要的，也是可行的。

教育的方式方法多种多样，除了家庭中的言传身教之外，可以通过编史修志、著书立说等对青少年进行教育，也可以通过担任校外辅导员和讲述革命历史、故事等进行教育。教育的内容，也可以是多方面的，譬如对广大青少年开展以理想、信念为核心的思想品德教育和以爱国主义、集体主义、社会主义为基本内容的主旋律教育；对广大青少年进行科学文化教育，提高青少年学习科学技术的积极性和科学文化素质；进行法制教育，不断提高广大青少年的法律意识和法制观念等。

2. 传授文化和科技知识

老年人是历史的见证人，是人类文化知识和生产经验的继承者、创造者、发展者和传播者。老年人中的老教授、老教师、老专家、老科技工作者，以及有经验、有技能的老工人、老农民，都可以将自己的经验、知识和技能，通过兴办民办学校、举办科普讲座和科技知识宣讲活动、著书立说、写回忆录、做辅导报告、进行技术指导、现场示范等多种形式，传授给他人。

3. 接受继续教育

我国宪法第四十六条第一款规定，"中华人民共和国公民有受教育的权利和义务"。《中华人民共和国教育法》第九条规定，"中华人民共和国公民有受教育的权利和义务。公民不分民族、种族、性别、职业、财产状况、宗教信仰等，依法平等享有受教育机会"。这些规定同样适用于老年人。不会因为老年人离开工作岗位或不从事某种劳动，受教育的权利就被取消。

4. 从事文体娱乐活动

老年人能否拥有参加文化、体育、娱乐活动的权利，体现着社会文明发展的程度。老年人是文化、体育、娱乐活动的主体之一，积极开展适合老年人的群众性文化、体育、娱乐活动，将老年人置身于集体之中，能够消除孤寂，愉悦身心，改变老年人的精神面貌，给家庭带来欢乐，给国家和社会减轻负担，有利于老年人健康长寿，安度晚年。

国家和社会应该采取措施，在组织、资金投入和活动场地上提供保障，把老年人参加文化、教育、娱乐活动与社会主义精神文明建设紧密结合起来，努力发展老年文化、体育事业，组织和支持老年人开展各种健康有益的文化、体育、健身活动。

（四）参与社会生活

社会生活都是会直接发生社会互动的一些活动，是老年人参与社会发展的一个重要组成部分。社会生活包含的内容很多，人际交往、志愿服务、参加公益活动、参加民间团体等都属于它的范畴。老年人参与社会生活，既有助于老年人与外界沟通、交流情感，也有助于体现老年人的价值，对促进老年人的身心健康有积极作用。

1. 参加志愿服务、兴办社会公益事业

志愿服务是指利用自己的时间、技能、资源、善心为邻居、社区、社会提供非营利、无偿、非职业化援助的行为。老年人可以参加或从事各类志愿服务，内容涉及咨询建议、环境保护、帮困助弱、社会安全、社区建设等多个方面。社会公益事业不以营利为目的，国家、集体、社会组织和个人都可以兴办。老年人根据自己的能力和条件，自己兴办、同其他人联合兴办一项或几项公益事业都可以。当然兴办公益事业，也要按照有关规章政策的规定办事，履行必要的审批手续。

2. 参与维护社会治安、协助调解民间纠纷

参与维护社会治安，主要是指协助公安机关，参加社区范围内的群众性治安保卫活动。如居民委员会、村民委员会、工厂、学校等的治安保卫工作，参加社区内组建的治安联防组织，对群众进行宣传教育，参与维护公共秩序、公共交通、公共安全，防盗、防火、防止可能发生的其他灾害事故等。

关于老年人参与协助调解民间纠纷，这里的民间纠纷主要是指社区范围内的家庭纠纷、邻里纠纷等。家庭纠纷主要是指夫妻间、子女和老年人之间的纠纷。这些纠纷大都属于民事范围之内。一般通过说服教育的方法，使纠纷在当事人双方谅解的基础上获得解决。调解要在双方当事人自愿的前提下，用说服教育的方法而不是压服的办法，要符合国家的法律、政策。由于居民委员会、村民委员会都有调解组织，老年人可以参加调解组织的工作，也可以协助调解组织的工作，还可以应当事人要求出面调解。

此外，在社会生活领域，还具有内容广泛、形式多样的其他社会活动，只要在法律法规许可的范围内，老年人可以视自己的条件，自觉自愿参加。

专栏　　　　　　银龄行动

应国务院西部大开发的号召，全国老龄工作委员会在全国组织开展了老年知识分子智力援助西部的志愿行动，简称"银龄行动"。2003年"银龄行动"首先在上海、辽宁、甘肃、青海、新疆5省（自治区、直辖市）试点，开展了上海对口援助新疆、辽宁对口援助青海，甘肃开展省内援助的"银龄行动"。到2013年底，全国31个省（自治区、直辖市）都已经开展了"银龄行动"，很多市、县也纷纷独立开展，"银龄行动"在传统对口帮扶模式的基础上，已经深入基层社区，向纵深方向发展，覆盖面更大，受益人群更广，扩大了"银龄行动"的影响力。

三、老年人社会参与的政府责任

政府在促进老年人参与社会发展方面承担着重要责任，应当从制定规划、完善政策、舆论宣传、加强老年人组织建设、搭建老年人才服务平台、提供教育培训、实施表彰和奖励、强化劳动保护等多方面做出努力，逐步完善老年人参与社会发展的条件。

（一）制定规划

将老年人参与社会发展，纳入经济社会发展规划、老龄事业发展规划以及人力资源开发、文化、体育、教育、科技发展等相关专项规划，并做好贯彻落实。我国老龄事业发展"十五"计划纲要、"十一五"发展规划以及"十二五"规划，均把促进老年人社会参与作为重要内容。《"十三五"国家老龄事业发展和养老体系建设规划》中以"扩大老年人社会参与"为第九章标题。总体上看，当前只有老龄事业发展方面的专项规划，对老年人参与社会发展作出相对明确的规定，其他多数相关专项规划还没有充分体现出对老年人参与社会发展的鼓励和扶持，这是需要今后相关部门制定专项规划时改进的地方。

（二）完善政策

制定促进老年人参与发展的专项政策，或将老年人参与社会发展作为相关公共政策的重要内容。同老年人的养老保障政策和医疗保障政策相比，我国促进老年人参与社会发展的政策还不够健全。首先从效力等级来看，大部分政策多属于部委制定实施的"意见""通知""规定"等规范性文件。国务院行政法规和部门行政规章以及地方立法层面，尚没有关于老年人社会参与的专项政策法规。其次从政策内容来看，当前政策内容走向两个极端，一个极端是过于宽泛，如"老龄事业发展规划"等综合性老龄政策文件，仅对于老年人的政治、经济、文化、社会层面的参与作倡导性和原则性的规定；另一个极端是过于偏狭，部委出台的规范性文件，多是针对离退休专业技术人员如何在本专业领域内继续发挥作用作出相关规定。今后，需要在提高促进老年人参与社会发展的政策效力等级的同时,增强政策的操作性,扩大政策的受益面。

(三)舆论宣传

我国老年人参与社会发展的总体水平不高,不仅表现为城市老年人的在业率极低,也表现为城乡老年人在民间团体、社会公益等活动中的低参与率。参与水平和老年人的参与意愿紧密相关。老年人参与意愿低,正是导致我国老年人参与社会发展总体水平不高的一个主要原因。

为此,各级政府及相关部门,应当通过各种宣传、教育、舆论手段,破除各种制约老年人参与社会发展的传统观念,引导全社会充分认识老年人的价值,认识到老年人是经济社会发展的重要资源,促使全社会转变对老年人的传统观念,消除年龄歧视,认可和接纳老年人社会参与,努力营造全社会积极看待、热情支持老年人参与社会发展的良好氛围。同时,也要促进老年人树立积极的老年观,提升老年人主动参与社会发展的自觉自愿意识。

(四)组织建设

老年人主要是通过社会组织参与社会发展。近年来,以社区老年协会为主体的老年人社会组织蓬勃发展,在组织老年人参与经济、政治、文化和社会生活,发展公益事业,支持社区建设,加强下一代思想道德教育、维护自身权益、活跃老年人精神文化生活、促进社会和谐稳定等方面都发挥了不可替代的作用,已经成为社会建设的重要力量,是联系党和政府与广大老年人的桥梁和纽带。

但是,我国老年人社会组织建设,还存在组织不健全、活动不经常、基础设施薄弱、经费来源短缺等问题,制约了老年人社会组织的发展,影响了作用的发挥。还需要按照政府统一管理和鼓励依法自治相结合的原则,培育发展各类老年社会组织,增强老年人社会组织的自我教育、自我管理、自我服务能力，把其建设成为党和政府的助手，老年人的利益代表。充分发挥其引导老年人参与社会发展、促进社会和谐和政治稳定的积极作用。

（五）人才服务

根据市场需求和各类老年人才的意愿，积极搭建服务平台，开拓老年人才发挥作用的渠道。要把老年人才的开发和利用纳入人才市场建设的总体规划。建立老年人才再就业服务平台，成立专门的老年职业介绍所和老年人才交流中心，推动各类人才市场、人才中介机构把老年人才纳入服务范围。政府所属的人才交流中心、专家服务机构要通过设立专门的服务窗口，举办专项的人才和项目交流活动等多种方式，主动为老年人才发挥作用做好服务。建立老年人才信息数据库和老年人才信息中心，定期举办网上老年人才交流活动，为他们发挥作用提供信息平台。此外，要努力为老年人才发挥作用提供必要的条件。凡符合条件的老年人，均可以参加专业技术人员职业资格考试，考试合格取得证书者按规定登记注册。符合条件的老年技能人才，可以参加职业技能鉴定，取得相应的职业资格证书。

（六）教育培训

老年人要在参与社会发展中取得良好的社会效益和经济效益，除了依靠自己原有的知识、技能和经验外，还需要继续学习，补充和更新知识。正如2002年《马德里老龄问题国际行动计划》中指出的，"在所有国家，终身教育和培训业是老年人参与就业的一个先决条件"。为此，要健全老年教育网络，完善老年教育内容，探索老年教育管理方法，使老年人不断更新知识，适应新科技的发展，为参与社会劳动创造有利条件。此外，还要为城镇再就业和农村继续从事农业劳动的老年人提供岗位技能培训和农业实用技术培训。

（七）表彰奖励

建立鼓励老年人参与社会发展的激励机制，对参与社会发展作出突出贡献的老年人组织和个人给予表彰和奖励。近年来，一些地方政府和相关部门也开展了多种形式的老有所为先进单位和个人评选表彰和奖励活动，极大调动了老年人参与社会发展的积极性。

对参与社会发展作出突出贡献的老年人，奖励主要有以下两种形式。一是赋予精神方面的权益，即给予受奖人某种荣誉，如授予称号、通报表彰、通令嘉奖、记功、发给奖状、荣誉证书、奖章等。二是赋予物质方面的权益，即发给奖金或各种奖品。表彰主要是精神奖励；奖励既可以是精神奖励，也可以是物质奖励，以精神奖励为主，以物质奖励为辅。

（八）劳动保护

贯彻、实施关于老年人享有和使用劳动权利的法律规定，对违反规定的行为予以纠正和制裁，维护受到侵害的老年人的劳动权利。老年人参加了劳动，就应当切实保障老年人按照劳动应取得的合理报酬，在按劳付酬方面，应当同其他劳动者一视同仁，不得歧视、不得克扣，更不得拒付。

退休人员被企业返聘或到其他单位继续工作后，与企业建立的是劳务关系。现实中，这种关系虽然不受劳动法保护，也不受新劳动合同法的保护，但是受民事法律法规的保护。老年退休后应聘，用人单位应该与老年人签订雇佣合同或劳务合同，明确雇佣期间的工作内容、报酬、医疗、其他待遇等权利和义务。

随着年龄的增长，老年人生理、心理的老化，必然导致产生各种不同于其他年龄群体的特殊变化，形成了老年人劳动的固有特点：劳动强度不能过大，劳动时间不能过长，劳动危险系数要适宜。这客观要求满足老年人劳动需求的劳动模式也随之发生变化，用人单位应当在技术、设备、设施、组织制度和教育等方面采取一系列措施，以保障老年人在生产、劳动过程中的安全和健康。国家安全生产监管部门、人力资源和社会保障部门应当加强对用人单位的监督和检查。老年人受聘工作期间发生职业伤害的，聘用单位应当依法妥善处理；因工作发生职业伤害与聘用单位发生争议的，可通过民事诉讼处理。

第十章
老年宜居环境建设

《中华人民共和国老年人权益保障法》规定,"国家采取措施,推进宜居环境建设,为老年人提供安全、便利和舒适的环境。"老年宜居环境建设是我国老龄工作的重大理念和实践创新成果,旨在适应人口老龄化形势的发展要求,着力发展有利于老年人保持健康、独立和自理、融入社会的硬件设施环境和社会文化因素,为老年人平等参与社会提供必要条件,为各年龄层的全社会成员和谐共融创造整体环境。

一、老年宜居环境建设的基本现状

随着人口老龄化快速发展,城乡居住环境、公共交通、公共服务、社会参与、文化环境等不适应老年人需求的问题不断显现。加强老年宜居环境建设是全球人口老龄化背景下,各国共同面临的一项新的时代任务,是积极应对人口老龄化的重要举措,必须抓住当前有利的窗口期,尽早准备、合理规划,加快实施。

(一)建设需求

从需求看,加强老年宜居环境建设是提高老年人生活生命质量的必然要求。我国庞大的老年人口,一方面要求提高社会保障、社会服务、医疗卫生等"软件"环境的水平。另一方面,由于生理功能和认知能力的退化,老年人对公共环境和居家环境的要求与年轻人存在一定差异，必然要求在城乡规划、公共基础设施、社区服务设施以及住宅设计和居家环境等硬件环境建设上也作出适应性的结构调整。

加强老年宜居环境建设有利于增进老年民生福祉，提升老年人生命生活质量；有利于促进经济发展，是扩大内需、拉动消费、促进经济增长的重要措施；有利于增进社会和谐，促进社会共建、共享、包容发展；有利于有效应对人口老龄化挑战，是贯彻实施新修订的《老年法》、创新老龄工作的重要举措。

（二）供给现状

总的来看，近年来各地区、各有关部门在推进老年宜居环境建设，改善老年人居住、生活和社会文化环境等方面进行了积极探索，取得了明显成效，但我国公共环境建设对人口老龄化的新要求新挑战考虑得还不够充分。整个公共基础设施、住宅设计和家居环境等还主要是针对中青年人和健全人的需要。对于老龄化背景下老年人越来越多，特别是失能、高龄、病残、独居等老年群体日益庞大的人口结构性转变还没有充分估计，在老年人居住、出行、就医、养老以及社会参与等方面存在着不适老、不宜居的问题。其中，一个突出表现是在一些老旧小区甚至新建住宅小区中，还没有普遍安装电梯，这已经给一些老年人出行带来极大障碍；居家环境中普遍存在着无障碍设计不足的问题，导致老年人难以安全而便利地居家生活。

在今后相当长时间内，我国人口老龄化呈现"城乡倒置"，农村老龄化水平高于城镇老龄化水平。而农村无论是老年社会保障和社会服务等软环境建设方面，还是农村公共基础设施建设和养老服务设施建设等硬环境建设方面，总体上都还滞后于老龄化的发展速度。因此，在新农村建设中更要前瞻性地做好老年宜居环境建设规划。

综合看，我国老年宜居环境建设的现状与我国未来人口老龄化的发展要求还存在许多明显不相适应的地方。要贯彻"以人民为中心"的发展思想，加快老年宜居环境建设，这对于切实保障和改善老年人生活质量、提高城镇化质量、建设环境友好型社会的意义重大。

二、老年宜居环境建设的指导意见

2016年,为积极应对人口老龄化,改善老年人生活环境,提升老年人生活质量,依据《中华人民共和国老年人权益保障法》,全国老龄办、国家发展改革委、国土资源部、住房城乡建设部、交通运输部等25个部委共同制定了《关于推进老年宜居环境建设的指导意见》(全国老龄办发〔2016〕73号,以下简称《指导意见》)。《指导意见》是2013年修订的《中华人民共和国老年人权益保障法》新增"宜居环境"专章以来,我国发布的第一个关于老年宜居环境建设的指导性文件,是近年来发文部门最多的涉老工作文件之一。

(一)基本内涵

《指导意见》提出了老年宜居环境建设这一新理念。这一新理念有两个重要内涵:一是环境建设要充分考虑人口老龄化因素,适合人口老龄化社会发展的新要求,立足当前,着眼长远,体现前瞻性、科学性与整体性。二是环境建设要符合老年人身心特点,满足老年人的使用需求,方便可及又适用易用,能增强老年人幸福感、获得感,提升老年人生活生命质量。

(二)基本原则

依据老年宜居环境建设的新理念及其内涵,《指导意见》提出了当前我国推进老年宜居环境建设的四条基本原则。

1. 理念引领,规划先行

在经济社会急速变迁、人口老龄化快速发展的过程中,老年人已经成为公共环境的主要使用群体。我国城乡规划、社会治理与公共服务理念与实践均明显滞后,特别是在城市规划上,长期偏重于城市发展效率，未能及时适应人口年龄结构的变化。因此，推进老年宜居环境建设要坚持综合考虑人口老龄化的影响，树立适老宜居新理念，将老年宜居环境建设的新理念植入社会建设的各个方面，将老年宜居环境建设纳入国民经济和社会发展规划、城乡规划及相关专项规划，加强前瞻性规划和安排，以规划带动老年宜居环境建设工作的全面开展。

2. 城乡统筹，突出重点

在农村加强老年宜居环境建设，为广大农村老年人提供更好的居住生活环境，将是我国老年宜居环境建设的重中之重，也是难中之难。而在老年宜居环境建设方面，大城市、中小城镇、农村地区面临的主要问题以及建设的重点任务，也各不相同。老年宜居环境建设必须坚持城乡统筹、突出重点的原则，树立问题导向，聚焦城乡社区老年宜居环境建设的重点领域和薄弱环节，根据各自不同的特点和需求优先解决当前的突出问题。

3. 多元参与，共建共享

良好的公共环境需要建设、维护和管理并行，涉及多元利益主体，这就要求市场、社会、家庭、个人多元参与，方能形成合力。强调包容性策略和通用性设计的老年宜居环境，不仅提升了公共环境的适老化水平，同时也促进了共同环境的全龄通用、人人共享。老年宜居环境建设必须坚持多元参与、共建共享的原则，使人人既是老年宜居环境建设工作的参与者，又是建设成果的受益者。

4. 改革创新，注重实效

目前，我国刚进入老龄化社会的初期，一方面现行的城乡规划和建设标准对老龄社会的宜居需求预见性不足，另一方面老年人居住条件、公共服务、社区环境、权益维护、社会参与等方面暴露出的问题也越来越突出。老年宜居环境建设既是一项具有战略意义的改革事业，又是一项积极回应广大老年群体的新期待、新要求的民生工程，必须坚持改革创新、注重实效的原则，既要不断深化理论创新、实践创新和制度创新，又要立足实际形成地方特色。

（三）发展目标

根据目前我国老年宜居环境建设的现状和环境建设工作的基础性、长期性特征，《指导意见》既提出了老年宜居环境建设的总体目标，还从理念树立、支持性环境、包容性环境、建设工作推进等方面分别提出四个具体分项目标。

1. 总体目标

到2025年，老年宜居环境建设的总目标是老年宜居环境体系基本建立，在硬件设施方面"住、行、医、养"等硬件设施环境更加优化；在社会文化方面，敬老养老助老社会风尚更加浓厚。

2. 分项目标

四个分项目标分别是：理念普遍树立，老年群体的特性和需求得到充分考虑，人人关注、全民参与老年宜居环境建设的良好社会氛围逐步形成。支持性环境不断优化，老年人的居住环境、安全保障、社区支持、家庭氛围、人文环境持续改善，老年人能够尽可能长地生活在熟悉的环境中，最大限度地保持健康、活力、独立。包容性环境逐渐改善，人们以积极的姿态面对老年群体，老年人融入社会、参与社会的障碍不断消除，老年人信息交流、尊重与包容、自我价值实现的有利环境逐渐形成。建设工作普遍开展，各地普遍开展老年宜居环境建设工作，形成一批各具特色的老年友好城市、老年宜居社区。

三、老年宜居环境建设的基本理念

我国处于社会主义初级阶段的基本国情决定了我国推进老年宜居环境建设应当针对新时期城乡建设发展的新特点、国民经济发展的形势、人民精神与物质生活的新需求，遵循"低成本和高效"的建设原则，推进"建设规范化、居住亲情化、环境友好化"的老年宜居环境建设。

（一）建设规范化

针对老年人健康及行为不断发展变化的特征，建设部和民政部1999年发布了《老年人建筑设计规范》。2018年3月30日，住房和城乡建设部批准《老年人照料设施建筑设计标准》为行业标准。与其他类型建筑设计标准规范不同，它并非特指某一类单一涉老建筑设计标准规范，而是具有普遍适用意义的服务老年人的建筑设计都必须执行的标准规范。其中最突出的特点是安全第一，这是一切老年建筑、老年设施设计思考的出发点，也是评价其优劣的标准。在老年宜居环境的建设中一定要贯彻落实"建设规范化"的理念，决不允许由于设计不当或考虑不周而引发老年人的安全事故或健康障碍。

（二）居住亲情化

我国已进入老龄社会，按照中国的传统，"居家养老"是首选。家庭是老年人难以割舍的爱巢。其原因有：第一，家庭是老年人长期居住之所；第二，家庭可充分体现老少代际供养双方的精神慰藉和生活照料；第三，家庭可进行方便、自然的代际之间的经济互济。因此，老年宜居环境的建设中必须贯彻居住亲情化的理念，这既是贯彻落实构建和谐社会和住宅供应结构调整的实际行动，又能在老龄社会和家庭规模小型化的背景下，满足老年人与子女就近居住、可分可合的市场需求。

（三）环境友好化

老年人居住区环境是保证老年人居住生活质量的首要条件。老年宜居环境的建设以"环境友好化"为理念，即通过调整人居环境生态系统内生态因子和生态关系，使小区成为具有自然生态和人类生态、自然环境和人工环境、物质文明和精神文明高度统一、可持续发展的居住区。建设环境友好型老年居住环境不仅要建设居住区幽静的生态环境，还要遵循"低成本、高效率"的原则，降低建筑能耗，减少不必要的设备投入，提高设备工作效率，满足合理的用户需求。

> **专栏　　　　　老年友好型城市**
>
> 　　老年友好型城市的理念由世界卫生组织于2006年提出，旨在帮助城市老年人保持健康与活力，消除参与家庭、社区和社会生活的障碍，形成对老年人友好的城市环境。2009年起，全国老龄办在全国开展"老年宜居社区"和"老年友好型城市"建设试点工作。

四、老年宜居环境建设的基本要求

我国老年宜居环境建设提出了安全性、可及性、整体性、便利性、包容性的"五性"要求。

（一）安全性

在适老居住环境中，突出老年人对居住环境的安全性要求，提出了对老年人住宅进行适老化改造，支持适老住宅建设等任务。

（二）可及性

在适老出行环境中，突出老年人对出行环境的可及性要求，提出了强化住区无障碍通行、构建社区步行路网、发展适老公共交通等任务，保障老年人出得了门，到得了想去的地方。

（三）整体性

在适老健康支持环境中，突出老年人对健康支持环境的整体性要求，不仅要求优化老年人就医环境，更注重满足老年人的养生保健和康复护理需求，提出了提升老年健康服务科技水平的建设任务。

（四）便利性

在适老生活服务环境中，突出老年人对生活服务环境的便利性要求，提出了加快配套设施规划建设、健全社区生活服务网络、加强老年用品供给、发展老年教育、构建适老信息交流环境等建设任务。

（五）包容性

在敬老社会文化环境中，突出老年人对社会文化环境的包容性要求，提出了营造老年社会参与支持环境，弘扬敬老、养老、助老社会风尚，倡导代际和谐社会文化等建设任务，为老年人更好地融入社会、参与社会创造条件。

专栏 　　　　　　老年友好城市营建示例

浙江省丽水市是"中国长寿之乡"。经过多年持续推进"老年友好城市"建设，丽水市长寿文化得到很好弘扬，老年友好意识持续增强，老旧小区改造步伐不断加快，老年人生活出行、居住环境不断优化，养老保障待遇水平进一步提高，老年人基本养老保险、基本医疗保险实现全覆盖，高龄补贴和一次性奖励政策在浙江省领先，居家养老服务体系建设进一步完善，敬老爱老助老社会风气日益浓厚。

五、老年宜居环境建设的重点任务

老年宜居环境建设共包含了5大板块、17个子项重点建设任务，各项建设任务都紧扣当前老年人生活中的突出困难和障碍，内容涵盖了老年人生活的方方面面，既包含"住、行、医、养"等硬件环境建设任务，也包含了敬老风尚等社会软环境建设任务。由于健康支持、老年教育等相关章节已经对文化环境做了说明，因此，这里主要从硬件角度介绍建设适老居住、出行、就医、养老等的物质环境。

> 专栏　　　　　老年宜居环境建设示范行动
>
> 　　完善老年宜居环境建设评价标准体系，开展"老年友好型城市"和"老年宜居社区"建设示范行动，继续开展全国无障碍建设城市创建工作。到2020年，60%以上城市社区达到老年宜居社区基本条件，40%以上农村具备老年宜居社区基本条件，大部分老年人的基本公共服务需求能够在社区得到满足。

（一）适老居住环境

1. 推进老年人住宅适老化改造

建立社区防火和紧急救援网络，完善老年人住宅防火和紧急救援救助功能。鼓励发展老年人紧急呼叫产品与服务，鼓励安装独立式感烟火灾探测报警器等设施设备。对老年人住宅室内设施中存在的安全隐患进行排查和改造。有条件的地方可对于特困老年人家庭的改造给予适当补助，引导老年人家庭对日常生活设施进行适老化改造。

2. 支持适老住宅建设

在城镇住房供应政策中，对开发老年公寓、老少同居的新社区和有适老功能的新型住宅提供相应政策扶持。鼓励发展通用住宅，注重住宅的通用性，满足各年龄段家庭成员，尤其是老年人对居住环境的必要需求。在推进老（旧）居住（小）区、棚户区、农村危房改造中，将符合条件的老年人优先纳入住房保障范围。加大对住宅小区消防安全保障设施建设力度，完善公共消防基础设施建设。

> **专栏** 　　　实施老年人居家适老化改造工程
>
> 　　2020年底前，采取政府补贴等方式，对所有纳入特困供养、建档立卡范围的高龄、失能、残疾老年人家庭，按照《无障碍设计规范》实施适老化改造。有条件的地方可积极引导城乡老年人家庭进行适老化改造，根据老年人社会交往和日常生活需要，结合老旧小区改造等因地制宜实施。

（二）适老出行环境

1. 强化住区无障碍通行

加强老年人住宅公共设施无障碍改造，重点对坡道、楼梯、电梯、扶手等公共建筑节点进行改造，满足老年人基本的安全通行需求。加强对《无障碍环境建设条例》的执法监督检查，新建住宅应严格执行无障碍设施建设相关标准，规范建设无障碍设施。严格执行无障碍环境建设相关法律法规，完善涉老工程建设标准规范体系，在规划、设计、施工、监理、验收、运行、维护、管理等环节加强相关标准的实施与监督。

2. 构建社区步行路网

遵循安全便利原则，加强社区路网设施规划与建设，加强对社区道路系统、休憩设施、标识系统的综合性无障碍改造。清除步行道路障碍物，保持小区步行道路平整安全，严禁非法占用小区步行道。

3. 发展适老公共交通

加强城市道路、公共交通建筑、公共交通工具的无障碍建设与改造。继续落实老年人乘车优惠政策，不断扩大优惠覆盖范围和优惠力度，改善老年人乘车环境，按规定设置"老幼病残孕"专座，鼓励老年人错峰出行。完善公共交通标志标线，强化对老年人的安全提醒，重点对大型交叉路口的安全岛、隔离带及信号灯进行适老化改造。

4. 完善老年友好交通服务

有条件的地区，要在机场、火车站、汽车站、港口码头、旅游景区等人流密集场所为老年人设立等候区域和绿色通道，加大对老年人的服务力度，提供志愿服务，方便老年人出行。乘务和服务人员应为老年人提供礼貌友好服务。

专栏

2018年1月8日，交通运输部等5部委发布《关于进一步加强和改善老年人残疾人出行服务的实施意见》明确：

到2020年，交通运输无障碍出行服务体系基本形成，无障碍出行服务水平、出行服务适老化水平和服务均等化水平明显提升，无障碍交通设施设备不断满足出行需要，无障碍交通运输服务的"硬设施"和"软服务"持续优化，老年人、残疾人出行满意度和获得感不断增强。

具体目标是新建或改扩建的铁路客运站、高速公路服务区、二级及以上汽车客运站、城市轮渡、国际客运码头（含水路客运站）、民用运输机场航站区、城市轨道交通车站无障碍设施实现全覆盖；邮政对老年人、残疾人的信件、印刷品、汇款通知等实现邮件全部按址投递；鼓励具备条件的城市新增公交车辆优先选择低地板公交车，500万人口以上城市新增公交车辆全部实现低地板化。有条件的铁路客运站、普通国省干线公路服务区、二级以上客运站、邮政营业网点、城市轨道交通车站、城市公共交通枢纽等老年人、残疾人引导辅助服务覆盖率有效提升，力争实现无障碍服务设施全覆盖。

到2035年，完善的交通运输无障碍出行服务体系基本建成，覆盖全面、无缝衔接、安全舒适的无障碍出行服务环境持续改善，无障碍出行服务水平显著提升，基本满足老年人、残疾人美好生活的出行需要。

（三）适老生活环境

1. 加快配套设施规划建设

在市政建设中，统筹考虑，统一规划，同步建设涉老公共服务设施，增强老年人生活的便利性。鼓励综合利用城乡社区中存量房产、设施、土地服务老年人，优化老年人居家养老的社区支持环境，养老机构、日间照料中心、老年人就餐点、老年人活动中心等各类生活服务设施与社区相关配套设施集约建设、资源共享。

2. 加强公共设施无障碍改造

按照无障碍设施工程建设相关标准和规范，加强对银行、商场、超市、便民网点、图书馆、影剧院、博物馆、公园、景区等与老年人日常生活密切相关的公共设施的无障碍设计与改造。鼓励公共场所提供老花镜、放大镜等方便老年人阅读的物品，有条件的可配备大字触屏读报系统，使公共设施更适合老年人使用。

3. 构建适老信息交流环境

进行信息无障碍改造，提升互联网网站等通信设施服务老年群体的能力和水平，全面促进和改善信息无障碍服务环境，消除老年人获取信息的障碍，缩小"数字鸿沟"。

专栏　　　　智慧健康养老服务推广工程

慢性病管理。重点发展病情监测、档案管理、个性化评估、趋势分析、诊疗建议、异常预警、紧急救助、康复服务等。**居家健康养老**。重点发展健康体检、居家环境监测、远程看护、亲情关怀、健康干预、健康评估反馈等。**个性化健康管理**。重点发展信息采集、健康计划、健康教育、健康跟踪、病情诊断、风险筛查、健康信息查询等。**互联网健康咨询**。依托互联网平台，发展在线咨询、预约挂号、诊前指导、诊后跟踪等。**生活照护**。基于互联网平台，为老年人提供家政配餐代买等智慧便民服务和关怀照料等养老互助服务。**养老机构信息化服务**。重点发展机构内老年人的无线定位求助、跌倒监测、夜间监测、老人行为智能分析、老年痴呆症患者防走失、视频智能联动、门禁系统联动、移动定位、消费娱乐等。

第十一章
弘扬孝老爱亲传统

孝老爱亲是中华民族传统美德,也是社会文明进步的体现。从孔子强调"孝悌"乃"仁之本"到孟子提出"老吾老以及人之老",由家庭的人伦道德扩展为一种社会公德的敬老文化,始终是中华文化历久弥新的永恒主题。新时代、新条件、新形势下,孝老爱亲社会文化是中国特色社会主义文化的有机构成,也是衡量我国社会主义精神文明水平的标尺之一。

一、我国传统孝老爱亲文化的变迁

在中国文化中,孝的观念源远流长,甚至可以说"中国文化是孝的文化"。中国传统文化以儒家思想为主流,并把儒家文化上升为国家意志,孝文化作为其重要组成部分,在"修身、齐家、治国、平天下"方面发挥了巨大作用。孝文化在动态演进中被赋予了极其丰富的内涵和外延,形成了一套完整的理论体系。

"孝道"最初萌芽于殷商时期,甲骨文中的"孝"字,老人在上,小子在下,表示儿孙搀扶老人,服从和奉养父母、长辈。在西周时期的典籍和铜器铭文中,孝主要是指对祖先的"追思""孝祀",以及对父母、长辈的"孝养"。这一时期的孝观念脱胎于祖先崇拜观念,"上以事宗庙,而下以继后世",在对祖先的祭祀中演绎出传统孝道观念,并逐步扩充到在世的亲人,在此过程中逐步演化为比较完整的体系。

春秋战国时期，孔子开创了传统儒家的孝道思想，赋予"孝"以新的内涵：孝不仅是物质上的供养，更重要的是要尊敬父母，让他们感受到精神上的愉悦，即所谓"今之孝者，是谓养。至于犬马，皆能有养，不敬，何以别乎？"（《论语·为政》）到了汉朝，"以孝治天下"成为施政理念，统治者用多种途径强化孝理念。其时，一方面在法律层面强化了对不孝行为的惩罚，另一方面采取多种措施褒扬和奖励孝行，尤其是出现了"举孝廉"这种选拔官员的方式，从制度上使孝文化得到了大力推广。

魏晋至隋唐时期，是孝文化发展的一个承上启下的重要历史阶段。尤其是唐朝，孝与法有了更紧密的结合，"权留养亲"制度的完善，通过法治鼓励孝行。宋元明清时期则是孝文化发扬光大的阶段，尤其是到了清朝，统治者从国家层面出发，将尊老、敬老的理念推上了一个新的高度。例如，康乾盛世时，曾举行了四次大型"千叟宴"，颁诏"旌表百岁"，昭示其尊老敬贤的教化。

在传统文化中"孝"是德之根本，是个人道德修养的基点。深刻影响着人们的价值取向和行为方式，成为中华民族的血脉、灵魂和根基。由孝亲衍生出忠君，进一步培养出爱国精神，增强了中华民族的凝聚力。

二、正确认识孝老爱亲文化

敬老社会文化环境的建设，是建立在对老年人和敬老文化正确认识的基础上的。总体来说，我们应树立包容性理念，用全人群、全方位、全生命周期的视角，看待老年人和敬老文化，目标是共建一个不分年龄、人人共享的社会。

（一）老年人不是包袱是财富

"莫道桑榆晚，为霞尚满天。"广大老年人在年轻时期为国家、社会、家庭作出了很大贡献，今天国家的繁荣、社会的进步、家庭的和谐与发展，都与他们付出的心血和劳动密切相关，在他们进入老年期后理应享受到国家改革发展成果，理应得到家庭、社会对他们的关爱和照顾，他们的合法权益理应得到充分的保障。"家有一老，如有一宝。"广大老年人具有知识、经验、技能等很多优势，是社会主义现代化建设的一支重要力量。在社区服务和管理、关心教育下一代、维护老年人权益、调解邻里纠纷和家庭矛盾等方面，老年人发挥着不可替代的重要作用。

（二）孝老爱亲不仅体现在物质上更体现在精神上

物质需求和精神需求是人类需求的两个基本方面，二者是相互联系、相互影响、相互促进的。随着人类社会的发展和进步，精神需求较物质需求将更为强烈和重要，精神需求的层次和社会对人的精神需求的关注程度将成为影响人的生活质量和社会发展的关键所在。因此，不能仅仅局限于加强对老年人的经济支持和生活照料，而应同时加强对老年人的精神关爱。孝老爱亲不但要做好"老有所养"的工作，更要在"老有所乐"上下功夫，重视老年人精神心理关爱，提高老年人晚年的幸福感。

（三）孝老爱亲社会文化不是专享是共享

弘扬孝老爱亲文化，受益的不仅是广大老年人，而且对社会、家庭和其他群体都具有积极正面的影响。首先，孝老爱亲文化能促进家庭和睦，所谓"家和万事兴"，孝老爱亲可以使家庭亲密和谐、温馨幸福，是维系家庭正常运转、化解压力的重要元素。再者，孝老爱亲文化可以促进代际和顺，孝老爱亲的价值理念一定程度上有利于消弭年轻人与老年人之间的代沟，促进良性互动。另外，孝老爱亲文化也能促进社会和谐，传统孝老爱亲文化中重根源、主和睦的精神，对于和谐现代人际关系、和睦社会风尚起着凝聚性作用，是促进社会和谐稳定的重要文化因素。因此，从某种程度上说，"尊敬今天的老人，就是尊敬明天的自己""人人都敬老，社会更美好"。

（四）孝老爱亲社会文化建设不是特惠是补差

衰老是人类不可避免的自然规律。进入老年期后，老年人无论生理功能还是心理功能都会出现减退的情况。生理上，感觉器官功能下降、神经运动机能趋缓、记忆力衰退等；心理上，受社会角色变化和经济支配能力弱化的影响，易出现失落、自卑、怀旧等情绪。鉴于老年人特殊的生理和心理特点，保障老年人享受社会服务和社会优待的权利并不是一种特惠，而是一种人性化的补差。我们打造便利的生活环境、安全的出行环境、亲情的居住环境、完善的健康支持环境，就是消除老年人居住出行生活等各方面的障碍，尽量补齐老年人在生理、心理上感受到的差距和不足，使其尽可能独立生活、维持功能、融入社会，拥有健康的身心和独立尊严。也正是这种基于对老年人基本权利的尊重，才构成了孝老爱亲社会文化的情感基础。

（五）孝老爱亲社会文化建设不是高配是标配

老年宜居环境建设是实实在在的民生工程，凝聚着百姓过上更好生活的诉求和期待。这种"民生温度"不仅仅体现在适老化改造等"硬环境"建设上，更反映在孝老爱亲社会文化等"软环境"改善上；不仅需要重"面子"，更需要重"里子"。在整个老年宜居环境建设过程中，孝老爱亲社会文化环境是核心和灵魂。如果缺少孝老爱亲的社会文化环境，那么物质环境也将失去应有的意义和价值。因此，我们应将孝老爱亲社会文化建设放在老年宜居环境建设的重要位置，将"虚"功"实"做，把"软指标"变为"硬约束"。

三、推进新时代孝老爱亲文化建设

有效应对我国人口老龄化,事关国家发展全局,事关亿万百姓福祉。虽然贯穿中国几千年历史的孝文化为我们甚至为全世界解决人口老龄化问题提供了具有实践意义的对策,但是,人口老龄化给传统孝文化带来的冲击也是史无前例的,这就要求多层面推进新时代孝老爱亲文化建设。只有这样,传统的孝文化才能重新焕发新的活力,实现"老吾老以及人之老"的目标。

(一)营造有利于新时代孝老爱亲文化建设的社会氛围

首先,要重视学校教育。综观目前我国大中小学的德育教育,虽然有一些关于传统文化的内容,但实际上是明显的碎片化的教育。应当立足于老龄社会的现实,深入挖掘和阐发中华优秀敬老传统文化蕴含的思想观念、人文精神、道德规范,将其纳入教育课程体系。通过系统化的现代教育方式,让每个学生都可以通过学习,将孝老爱亲文化内化于心,形成坚定的理念,进而转变为实际的行为。

其次,要重视社会宣传。社会宣传对于正确引导社会舆论、营造尊老敬老社会氛围、构建孝老爱亲文化具有至关重要的作用。因此,除了加强学校教育以外,还应当面向社会大众广泛开展孝老爱亲文化的宣传教育。应当充分利用各种现代传播媒介,通过新闻舆论、文化作品来引导社会培育和践行新时代的孝老爱亲理念,为新时代孝老爱亲文化的构建奠定良好的社会基础。

(二)多途径践行新时代孝老爱亲文化

建设新时代孝老爱亲文化不仅体现在理论创新层面,更重要的是要把孝的理念践行于实际生活。孝老爱亲文化只有真正内化为人的主观行为并作用于人的生活,才能真正具备活力。

首先,要加强家庭建设,强化家庭养老功能。一方面,要通过孝老爱亲文化的启迪,帮助年轻人树立敬老、爱老、助老的自觉意识,要赡养父母,扶助其他老年人,有孝父母和孝天下父母的责任感;另一方面,要把孝老爱亲文化置于整个社会主义文化的大框架内,通过文化来影响制度建设,通过制度来保障家庭发展,增强家庭养老功能。

其次,要把孝老爱亲文化纳入新型村规民约之中。党的十九大报告提出实施乡村振兴战略,明确要"健全自治、法治、德治相结合的乡村治理体系"。孝老爱亲文化的传承和弘扬是加强乡村德治的重要基础,应当在实施乡村振兴战略的过程中,加强社区层面的孝老爱亲文化实践,合理吸收传统文化中的孝老爱亲理念,构建具有现代意义的村规民约体系,为乡村社会的发展构建坚实的精神依托。

(三)明确新时代孝老爱亲文化中各个主体的责任定位

随着我国人口老龄化的快速发展和"421"家庭结构的常态化,政府、社会、家庭在应对人口老龄化过程中都应当发挥积极作用。在构建新时代孝老爱亲文化的过程中,也需要明确各方责任定位。

政府在孝老爱亲文化建设中的主要责任包括:一是加强制度建设和法治建设,政府要致力于为孝老爱亲文化建设创造良好的制度环境和法治保障;二是研究并制定老龄文化长远发展规划;三是加强财政支持,推动公共文化产品和公共文化服务发展。

各类企事业单位、社会组织也应当在孝老爱亲文化建设中发挥应有作用:一是应当积极加强尊老敬老主题教育,弘扬中华民族尊老敬老传统美德,激励人们向上向善、孝老爱亲;二是开展老年优待服务和为老志愿服务,引导集体和个人践行孝老爱亲文化;三是宣传新时代的孝老爱亲理念,敦风化俗,构建新的公序良俗,尤其是各类传媒都应当肩负起正确引导社会舆论、传播孝老爱亲文化的责任。

家庭在孝老爱亲文化建设中具有基础性作用。家庭是社会的细胞，家庭的文明作用不可替代。父母和家长应该身体力行，把孝老爱亲的道德观念从小就传递给孩子，引导孩子敬爱父母、长辈，尊敬老年人。家庭成员应该重视家风建设，在家庭中传递尊老敬老的观念，培育和践行孝老爱亲家风，用千万家庭的敬老家风支撑起全社会的孝老爱亲风尚。

老年人在孝老爱亲文化建设中同样发挥着重要作用：一是树立终身发展理念，保持自尊自爱自立自强的精神风貌，积极面对老年生活、保持身心健康、参与社会发展；二是塑造与子代的代际平等关系，促进家庭和睦。

四、新时代孝老爱亲文化的创新实践

人口快速老龄化既是人口问题，也是重大的文化问题，其在快速改变着人类社会的人口年龄结构的同时，也深刻冲击着几千年来形成的传统文化，特别是对传统孝文化形成了深刻冲击。在多元文化体系中，中国传统的孝老爱亲文化是宝贵的财富，应在新时代的背景下重新审视其价值，开展创新实践，进而实现中华民族的文化复兴。

（一）设立老年节

在我国，农历九月初九是传统的重阳节。九九重阳，因为"九九"与"久久"同音，有长久、长寿之意，而且秋季也是一年收获的黄金季节，因此，重阳节寓意深远。自古以来，人们就对此节怀有特殊的感情，常在此日开展敬老活动。

1990年第45届联合国大会通过决议，将每年的10月1日定为"国际老年人节"，世界许多国家都结合本国传统文化习俗明确规定老年人节日。在《中华人民共和国老年人权益保障法》修订过程中，草案（过程稿）中也曾有"每年农历九月初九为敬老节"的表述，但在征求意见过程中，各方面普遍建议将"敬老节"改为"老年节"，主要理由在于两个方面：一是我国"妇女节""青年节""儿童节""教师节"等节日都是以主体命名，以此类推，可将"敬老节"改为"老年节"；二是敬老不应只是重阳节一天的事情。因此，《中华人民共和国老年人权益保障法》明确规定"每年农历九月初九为老年节"。从此，全国亿万老年人也有了自己的法定节日。将重阳节作为我国法定的老年节，体现了国家对老年人的尊重，也有利于引起全社会对老年人的广泛关注，对弘扬中华民族传统文化和敬老美德具有重要意义。

（二）开展全国"敬老月"活动

"敬老月"活动是全国老龄工作委员会自2010年起在全国组织开展的一项全国性爱老敬老社会活动，旨在大力宣传中国人口老龄化的严峻形势和应对策略，增强全社会的老龄意识和敬老意识；广泛组织和动员社会力量开展走访慰问、志愿服务、老年优待和维权、文化体育、老龄宣传等活动，为老年人办实事、做好事、献爱心。"敬老月"活动开展时间是每年的重阳节所在月份。重阳节是中华民族传统的敬老节日，有深厚的文化底蕴和广泛的社会影响力，在重阳节前后开展"敬老月"活动，是弘扬和传承传统孝老爱亲文化、增强全社会老龄意识和敬老意识、营造尊老敬老社会氛围的有效形式。

专栏　　　　《中国老年人防诈骗指南》

《中国老年人防诈骗指南》，是全国老龄工作委员会办公室和公安部共同在"敬老月"期间联合推出的防诈骗读物。全书包括防诈骗六招和四十条案例，涵盖了网络诈骗、电信诈骗、街头诈骗、交友诈骗等多方面内容，有助于老年人牢固树立和提高防骗意识，有助于动员全社会共同参与营造老年人幸福晚年。

（三）开展"敬老文明号"创建活动

广泛深入开展"敬老文明号"创建活动，对建设具有民族特色、时代特征的孝老爱亲文化，弘扬敬老爱老助老社会风尚有着重要的作用。《中华人民共和国老年人权益保障法》规定，各级人民政府对维护老年人合法权益和敬老、养老成绩显著的组织、家庭或者个人给予表扬或者奖励。经全国评比达标表彰工作协调小组批准，全国老龄委自2011年起在全国开展"敬老文明号"创建活动。这是我国第一次在全国范围内开展以为老服务为主题的社会性、群众性精神文明创建活动。开展"敬老文明号"创建活动，旨在深入贯彻落实党中央国务院关于老龄工作的重大决策部署，进一步弘扬尊老敬老的传统美德，广泛动员社会各界参与尊老敬老社会活动，落实老年优待政策，推动基层老龄工作，促进社会主义精神文明建设和社会和谐，对积极应对人口老龄化、提高为老服务水平、提升社会各界的老龄意识和敬老意识具有重要意义。

截至2019年，全国共评选出18377名敬老爱老助老模范人物，2483个全国"敬老文明号"，参与"敬老文明号"创建活动的基层单位和窗口单位比例超过70%。全国多个省（区、市）还制定了行业创建标准，立足实际进行分类指导，形成了纵向从省、市至基层单位，横向从为老服务窗口单位扩展到社会整体参与的网格化局面，融合了政府、社会、家庭、个人的力量，形成为老服务合力，有效地推动了孝老爱亲文化的传承与弘扬。

特定的文化形态立足于特定的社会系统。在社会结构发生巨大变化的今天，传统的孝老爱亲文化也迎来了新的挑战，面临着前所未有的严峻形势。但是，从人类社会发展的长视角来看，具有强大包容功能的中华民族优秀传统文化必将卓然自新，在老龄社会中通过化解传统孝老爱亲文化面临的现代冲突，强调孝老爱亲文化的现代价值，重构新时代孝老爱亲文化，最终实现中华民族文化的伟大复兴，为人类构建老龄社会新文化作出积极贡献。

> **专栏** 敬老文明号
>
> "敬老文明号"是在经营、管理和服务等工作岗位上，积极开展优质为老服务工作的先进集体。创建活动在全国、省（自治区、直辖市）、市（地、州）、县（市、区）四级进行，在全国涉老部门、为老服务组织、公共服务窗口行业开展。创建活动以积极践行尊老助老传统美德、落实各项惠老优待政策、创新为老服务方式方法、提高为老服务质量为主要内容，每三年进行一次评比表彰。